W0386458

JE VEUX
BIEN MANGER
QUAND JE
TÉLÉTRAVAILLE
ET...

JE N'AI PAS LE TEMPS ×

J'AI TOUT PRÉVU ×

J'AI DE QUOI EMPORTER ×

J'AI UN INVITÉ SURPRISE ×

LE LABEL YLIGA

C'est une initiative portée par plusieurs maisons d'édition, qui souhaitent faire de ce label une marque de fabrique et de traçabilité d'ouvrages édités de façon la plus respectueuse possible de l'environnement.

On ne peut pas vous promettre le « zéro déchet » ou le « zéro pollution » mais on vous propose des ouvrages plus éco-responsables. Une nouvelle manière de lire le monde grâce à nous tous, éditeurs, auteurs, imprimeurs, distributeurs, libraires, lecteurs.

Parce que le livre doit servir la planète sans l'abîmer !

- Des livres qui traitent d'environnement, de bien-être, de « bien-manger », de conscience écologique, sociale et politique, des livres pour les adultes et pour les enfants, des livres qui donnent du sens en plaçant notre planète au cœur de notre quotidien, de notre réflexion.
- **Moins de papier :** des formats d'ouvrage choisis pour leur très faible gâche de matière.
- **Un papier certifié** aux normes environnementales FSC et PEFC (des écolabels garantissant une gestion durable des forêts).
- **Moins de produits chimiques :** utilisation d'encres végétales, absence de vernis et de pelliculage issu de la pétrochimie.
- **Pas de couverture cartonnée ni de film plastique** protégeant les ouvrages.
- **Impression simultanée** des couvertures d'ouvrages de même format.
- **Impression à moins de 1000 km** de nos entrepôts. Pas d'impression en Asie, pas de transport aérien.
- **Des process repensés :** suppression des tirages papier pour contrôler les étapes de fabrication avec le photograveur et l'imprimeur, facturation 100 % numérique, diminution des services de presse papier, une communication essentiellement numérique.

* Yliga, pourquoi ce nom ? C'est le nom, en langue moré, d'un arbre aux vertus médicinales qui vit entre le Sahara et l'Afrique tropicale et qui, comme d'autres essences, a su s'épanouir dans des conditions environnementales difficiles. Il est, pour nous, un symbole de l'adaptation nécessaire et possible, de même qu'un exemple d'exploitation vertueuse des ressources naturelles.

YLIGA - ÉCO-RESPONSABLE -

AURÉLIE
THÉROND

Photographies : **Claire Curt**

JE VEUX **BIEN MANGER** QUAND JE **TÉLÉTRAVAILLE** ET...

JE N'AI PAS LE TEMPS X

J'AI TOUT PRÉVU X

J'AI DE QUOI EMPORTER X

J'AI UN INVITÉ SURPRISE X

Éditions
de La Martinière

YLIGA · ÉCO-RESPONSABLE

Je veux bien manger quand je télétravaille et...

SOMMAIRE

INTRODUCTION

Depuis quelques années, le télétravail s'installe progressivement comme un mode de travail moderne, alternatif, présentant de nombreux avantages. Il permet notamment de diminuer son temps de transport et ainsi la fatigue, et aussi d'être plus efficace dans certaines tâches professionnelles.

Cependant, le temps de pause méridienne est parfois écourté ou négligé en télétravail. Il peut effectivement être plus triste de déjeuner seul qu'avec quelques collègues, et on peut être tenté de manger rapidement pour pouvoir reprendre vite le travail ou accomplir d'autres tâches du quotidien.

Ayant déjà travaillé à distance, je me suis souvent contentée, comme d'autres, de réchauffer mon dîner de la veille ou de manger simplement une assiette de pâtes au fromage.

Mais quel dommage de ne pas profiter de ce temps pour soi pour se préparer un bon repas ! Sans compter que cette pause peut être l'occasion de déjeuner dehors quand il fait beau ou d'inviter un collègue ou un ami qui n'habite pas très loin et travaille aussi à distance...

Ce livre propose ainsi de s'éloigner du réchauffage de plats de la veille ou des préparations réflexe répétitives.

Quatre situations ont été prévues :

— **je n'ai pas le temps** : recettes ultrarapides ou réutilisant des restes.

— **j'ai tout prévu** : recettes pouvant commencer à être préparées la veille, ou ponctuellement dans la matinée (sans surveillance).

— **j'ai de quoi emporter** : si l'envie vous prend de sortir déjeuner dehors.

— **j'ai un invité surprise** : recettes un peu plus élaborées ou demandant une quantité plus importante d'ingrédients pour pouvoir être mises en œuvre.

La majorité de ces recettes sont des préparations salées, mais figurent aussi, dans chaque partie, des recettes de desserts (ou goûters !) et de boissons à boire ponctuellement ou tout au long de la journée...

RED SAVINA
SAVINA ROJO
MEXICO
POIVRE NOIR
EN GRAINS
WHOLE BLACK PEPPERCORNS
Ducros
PAPRIKA
DOUX
MDH
Poids net 100 g
Les merveilleuses épices
nourris par le soleil
de MADAGASCAR
SAVEURS DES ILES
PAPRIKA
tous les plats
50g
Yeo's
香蔴油
100% 純正
100% Sesam Öl
150 mL e
TOSCANA · ITALIA
Petti
ZÉRO
MONOPRI
CHAIR D
TOMATE
ALL-PURPOSE
KIKKOMAN
Sauce Soja
À teneur en sel réduite
250 ml e
Bouillon
de poule
Bouillon de poule en cubes
30/05/2024
Bouillon
de légumes
en cubes
Bouillon au
bœuf en cubes
SANS HUILE DE PALME
SANS EXTRAIT DE LEVURE
SANS GLUTEN
ibó

LES ESSENTIELS DU FRIGO ET DU PLACARD

Les recettes proposées dans ce livre se préparent avec des ingrédients simples. La plupart d'entre eux sont des aliments essentiels à avoir toujours chez soi afin de pouvoir préparer une grande variété de recettes, même quand on n'est pas en télétravail !

Dans les placards

Différentes huiles : huile d'olive et huiles neutres supportant la chaleur (comme celle de tournesol ou de pépins de raisin), huile de sésame.

Différents vinaigres : vinaigre blanc, de vin rouge, de cidre, de riz, balsamique.

Épices : curcuma, curry, gingembre, piment, poivre noir (avec un moulin de préférence), baies roses, garam masala, cumin (en grains et en poudre), graines de coriandre, cannelle, safran, feuilles de laurier, thym.

Cubes de bouillon (légumes, poule, bœuf).

Un peu de graines : sésame, tournesol, lin, courge, pavot.

Condiments : sauce soja, lait de coco, moutarde (classique et à l'ancienne).

Conserves de légumes : tomates concassées et en coulis, jus de citron, olives noires.

Conserves de poisson : thon au naturel, maquereau grillé, crevettes, sardines à l'huile.

Céréales et légumineuses : farine T55, flocons d'avoine, riz (parfumé, rond ou à risotto), pâtes, lentilles, pois chiches, haricots rouges et blancs (déjà cuits ou secs).

Chocolat noir, cacao en poudre, levure chimique, œufs, sucre en poudre.

Au réfrigérateur

Produits laitiers : beurre (doux et demi-sel), crème fraîche (liquide ou épaisse), parmesan, comté, feta.

Poissons préparés pour une conservation relativement longue : harengs fumés, anchois au sel ou à l'huile.

Poitrine de porc fumée, tofu ferme nature.

Fruits et légumes

Selon la saison, le panier diffère.

Privilégiez l'hiver pour les agrumes, le printemps et l'été pour les courgettes et les petits fruits comme les fraises ou les framboises, l'été pour les aubergines et les tomates.

Tout au long de l'année, vous pouvez en revanche compter sur un choix large de produits cultivés en France sans bouleverser la logique des saisons : ail, oignons, betteraves, carottes, champignons de Paris, pommes, pommes de terre.

JE VEUX **BIEN MANGER** QUAND JE **TÉLÉTRAVAILLE** ET...

JE N'AI PAS LE TEMPS X

J'AI TOUT PRÉVU X

J'AI DE QUOI EMPORTER X

J'AI UN INVITÉ SURPRISE X

Crumble de tomates

Pour 1 personne
Préparation : 10 minutes
Cuisson : 25 minutes (+ éventuellement 10 minutes)

- 2 tomates de taille moyenne
- 1 gousse d'ail
- 20 g de chapelure
- 15 g de parmesan râpé
- 1 cuillerée à soupe d'huile d'olive
- 1 cuillerée à café de thym
- Sel

1. Préchauffez le four à 180 °C (th. 6).
2. Coupez chaque tomate en deux dans le sens de la largeur, salez-les et déposez-les, en les retournant, sur une assiette pour qu'elles perdent un peu de leur eau.
3. Épluchez la gousse d'ail, coupez-la en deux et ôtez son germe. Pressez-la.
4. Dans un bol, préparez le crumble en mélangeant à la cuillère la chapelure, le parmesan râpé, l'ail pressé, l'huile d'olive et le thym.
5. Déposez les tomates, sur leur côté bombé, dans un plat allant au four. Répartissez le crumble sur leur surface.
6. Enfournez pendant environ 25 minutes. Si vous avez le temps, laissez légèrement confire les tomates en les laissant dans le four éteint pendant une dizaine de minutes avant de les déguster.

Soupe froide de betteraves

Cette recette est une adaptation du Chlodnik, soupe froide de betteraves d'origine polonaise, servie avec des œufs durs. C'est une soupe très rafraîchissante, à la couleur incroyable, délicieuse en période de fortes chaleurs.

Pour 1 personne
Préparation : 10 minutes
Refroidissement (facultatif) : 30 minutes

1 petite gousse d'ail

Quelques graines de courge

Environ 200 g de betteraves cuites égouttées

1 yaourt nature (lait de vache ou de brebis ou lait végétal)

1 cuillerée à soupe de jus de citron

1 cuillerée à soupe d'eau

Environ 30 g de feta

Sel et poivre

1. Pelez la gousse d'ail, coupez-la en deux et ôtez son germe. Pressez-la.
2. Dans une poêle, sans matière grasse, faites dorer légèrement les graines de courge à feu moyen, pendant 2-3 minutes.
3. Dans un mixeur, mettez les betteraves coupées en gros morceaux, le yaourt, la gousse d'ail pressée, le jus de citron et l'eau. Mixez jusqu'à obtention d'un mélange homogène. Ajustez l'assaisonnement en sel et poivre.
4. Servez aussitôt ou après un court passage au réfrigérateur. Ajoutez la feta émiettée et les graines de courge grillées et dégustez.

Bon à savoir
Vous pouvez aussi ajouter, au moment de mixer ou de déguster, quelques feuilles de persil ou de coriandre.

Blinis au pavot, saumon et concombre

Pour 1 personne
Préparation : 10 minutes
Cuisson : 10 minutes

POUR LES BLINIS

1 œuf

1 petit pot de fromage blanc (100 g)

50 g de farine T55

½ sachet de levure chimique

1 cuillerée à soupe de graines de pavot

1 à 2 cuillerées à soupe d'huile neutre pour la cuisson (tournesol, pépins de raisin)

Sel et poivre

POUR LA SAUCE

1 cuillerée à soupe de fromage blanc

1 cuillerée à soupe de ciboulette ciselée

Sel et poivre

POUR LA GARNITURE

1 petit morceau de concombre (environ 5 cm de long)

1 tranche de saumon fumé

1. Préparez la pâte à blinis en mélangeant l'œuf et le fromage blanc. Ajoutez la farine et la levure chimique et fouettez bien. Terminez en ajoutant les graines de pavot et ajustez l'assaisonnement en sel et poivre.
2. Rincez le concombre et coupez-le en fines tranches.
3. Découpez le saumon fumé en fines lanières.
4. Préparez la sauce en mélangeant le fromage blanc avec la ciboulette ciselée. Salez et poivrez.
5. Faites chauffer l'huile dans une poêle, à feu moyen. Déposez-y des petits tas de pâte pour former les blinis (l'équivalent d'1 cuillerée à soupe par blini) et faites-les cuire pendant 2-3 minutes de chaque côté, jusqu'à ce qu'ils commencent à se détacher et soient un peu dorés.
6. Pour servir, déposez sur chaque blini quelques tranches de concombre, un peu de sauce et des lanières de saumon fumé.

Je veux bien manger quand je télétravaille et...

Œuf cocotte

Pour 1 personne
Préparation : 10 minutes
Cuisson : 12 minutes

½ tranche de jambon cuit

1 noisette de beurre doux

1 cuillerée à soupe de crème fraîche (épaisse ou liquide)

1 œuf

1 cuillerée à soupe de comté râpé (environ 10 g)

1 cuillerée à café de ciboulette ciselée (facultatif)

Sel et poivre

1. Préchauffez le four à 210 °C (th. 7).
2. Coupez le jambon en tout petits dés.
3. Beurrez un ramequin individuel, versez-y la crème fraîche, puis l'œuf. Salez et poivrez légèrement.
4. Ajoutez le jambon et le comté râpé en les répartissant autour du jaune d'œuf.
5. Déposez le ramequin dans un plat plus grand allant au four, suffisamment haut pour cuire l'œuf cocotte au bain-marie. Remplissez ce plat d'eau chaude jusqu'à environ 2/3 de la hauteur du ramequin.
6. Enfournez pendant environ 12 minutes, jusqu'à ce que la surface commence à dorer légèrement.
7. Servez aussitôt, après avoir éventuellement réparti un peu de ciboulette ciselée à la surface de l'œuf, avec des mouillettes de pain, frais ou grillé.

Sauces « minute » pour les pâtes

Se préparer des pâtes quand on télétravaille apparaît comme la solution la plus facile, d'autant que leur cuisson est rapide. Plutôt que de les manger sans autre accompagnement que du beurre ou de l'huile, profitez-en pour varier les assaisonnements, de nombreuses possibilités existent !

Pour 1 personne • Préparation : 5 minutes
Cuisson : 15 minutes environ (dont le temps de cuisson des pâtes)

- 100 g de pâtes
- Accompagnement au choix
- Huile d'olive
- Sel

Faites cuire les pâtes dans une casserole d'eau salée, le temps indiqué sur l'emballage (généralement une dizaine de minutes). Égouttez-les et mélangez-les avec un filet d'huile d'olive pour éviter qu'elles ne collent, et conservez-les dans la casserole couverte, hors du feu, le temps de préparer l'accompagnement.

Sauce aux lardons et à la crème (version française de la carbonara italienne)

- Environ 50 g de lardons
- Environ 2 cuillerées à soupe de crème fraîche liquide ou épaisse
- Poivre

Faites revenir les lardons dans une petite poêle à feu moyen. Quand ils commencent à dorer, baissez le feu et ajoutez la crème fraîche, mélangez et laissez sur le feu quelques instants, le temps de déglacer les lardons.

Poivrez et versez sur les pâtes, mélangez bien.

Sauce aux champignons et au parmesan

1 ou 2 champignons de Paris

1 cuillerée à café d'huile d'olive

Parmesan râpé

Sel et poivre

Coupez les champignons de Paris en tranches et faites-les revenir dans une petite poêle, à feu moyen, avec l'huile d'olive, pendant 4-5 minutes.

Salez et poivrez en fin de cuisson.

Mélangez ces champignons avec les pâtes et un peu de parmesan râpé.

Sauce à l'ail noir

L'ail noir est un ail blanc fermenté, dont le goût diffère beaucoup de la version initiale. On le trouve assez facilement dans les épiceries biologiques ; il se conserve très longtemps au réfrigérateur. Il se marie particulièrement bien avec les pâtes. La crème fraîche permet à ses arômes de mieux se développer.

1 ou 2 gousses d'ail noir

2 cuillerées à soupe de crème fraîche liquide ou épaisse

Découpez les gousses d'ail noir en petits morceaux.

Faites chauffer dans une petite poêle à feu doux la crème fraîche et ajoutez-y les morceaux d'ail noir. Laissez infuser sur le feu pendant 2 minutes environ, en mélangeant régulièrement.

Versez sur les pâtes et mélangez bien.

MES P'TITS PLAISIRS
CONNÉTABLE
Sardines
à l'Huile d'Olive
vierge extra

Sauce au fromage

2 cuillerées à soupe de crème fraîche liquide ou épaisse

Fromage selon votre goût

Faites chauffer dans une petite poêle à feu doux la crème fraîche et ajoutez-y un peu de fromage râpé ou coupé en petits morceaux (cette recette peut être l'occasion de terminer de vieux fromages devenus trop forts pour être mangés crus, vous pouvez aussi en mélanger plusieurs).

Remuez bien le mélange et maintenez sur le feu jusqu'à ce que tout le fromage ait fondu.

Versez sur les pâtes et mélangez bien.

Sauce aux sardines

1 gousse d'ail

2 ou 3 sardines à l'huile

Épluchez la gousse d'ail, coupez-la en deux, ôtez son germe et pressez-la.

Égouttez les sardines à l'huile (en conservant leur huile), levez les filets et ôtez l'arête centrale.

Dans une petite poêle, faites chauffer 2 cuillerées à café d'huile de conserve, ajoutez les filets de sardines et l'ail pressé, mélangez et maintenez sur le feu pendant 1 minute environ.

Versez sur les pâtes et mélangez bien.

Bruschettas

Pour 1 personne • Préparation : 10 minutes • Cuisson : 15 minutes

Pour une version sans cuisson

Grillez les tranches de pain au grille-pain, frottez-les éventuellement avec une gousse d'ail et disposez dessus les ingrédients que vous aurez choisis. Voici quelques idées de combinaisons :

- Tomates salées découpées en morceaux / tranches de mozzarella / olives noires / un filet d'huile d'olive et un peu de poivre moulu.
- Quelques feuilles de roquette / tomates salées découpées en morceaux / feta émiettée / un filet d'huile d'olive et de vinaigre balsamique.
- Tomates salées découpées en morceaux / tranches de jambon cru, bresaola, coppa ou speck / pesto.
- Jambon cru / tranches d'artichauts grillés conservés dans l'huile.
- Fromage de chèvre / morceaux d'abricots secs / thym effeuillé.

Pour une version cuite au four

Préchauffez le four à 180 °C (th. 6). Déposez les tranches de pain sur une plaque à pâtisserie recouverte de papier cuisson. Recouvrez-les des ingrédients que vous aurez choisis et enfournez pendant environ 15 minutes (certains ingrédients ne nécessitant pas de cuisson pourront être ajoutés en fin de cuisson).

- Fromage de chèvre / miel / amandes effilées.
- Roquefort / morceaux de figues séchées ajoutés en fin de cuisson.
- Tomates salées découpées en morceaux / morceaux d'olives noires / un filet d'huile d'olive.
- Tomates salées découpées en morceaux / un filet d'huile d'olive / quelques filets d'anchois dessalés ajoutés en fin de cuisson.
- Tomates découpées en morceaux / plusieurs fromages (emmental ou gruyère râpé, mozzarella, gorgonzola, etc.).

Quand on n'a pas le temps de cuisiner, déjeuner de quelques bruschettas peut être une solution idéale, une façon élégante et gourmande de « manger sur le pouce ». De nombreuses combinaisons sont possibles, selon ce que vous avez dans vos placards et votre réfrigérateur : charcuterie, fromages, olives, artichauts ou autres légumes grillés conservés dans l'huile, restes de légumes cuits, etc. Pour le pain, mieux vaut utiliser de grandes tranches d'une miche, mais vous pouvez aussi choisir de la baguette. Dans les deux cas, vous pouvez utiliser le pain frais ou en avoir toujours un peu au congélateur à disposition (prétranché), c'est très bien aussi !

Galettes de carottes râpées

Pour 1 personne
Préparation : 10 minutes
Cuisson : 6 minutes

2 petites carottes (environ 120 g)

20 g de comté

1 œuf

15 g de farine T55

1,5 cuillerée à soupe de crème fraîche (liquide ou épaisse)

½ cuillerée à café de graines de coriandre pilées

1 cuillerée à soupe de feuilles de persil plat ou de coriandre hachées (facultatif)

1 cuillerée à soupe d'huile d'olive

Sel et poivre

1. Nettoyez les carottes et râpez-les finement (inutile de les éplucher si vous les lavez bien).
2. Râpez le comté.
3. Dans un bol, mélangez les carottes et le comté râpés avec l'œuf, la farine, la crème fraîche, les graines de coriandre pilées, éventuellement le persil plat ou la coriandre, façonnez-les en galettes et ajustez l'assaisonnement en sel et poivre.
4. Dans une poêle, à feu moyen, faites cuire de petites galettes de cette pâte (environ 1 cuillerée à soupe de pâte par galette) avec l'huile d'olive, environ 3 minutes de chaque côté.

Tofu laqué

Pour 1 personne
Préparation : 3 minutes
Cuisson : 7 minutes

Environ 100 g de tofu

½ cuillerée à soupe d'huile (olive, pépins de raisin, tournesol)

1 cuillerée à soupe de sauce soja

1. Découpez le tofu en cubes réguliers d'environ 1 cm de côté.
2. Versez l'huile dans une poêle et faites-la chauffer à feu moyen. Quand l'huile est chaude, ajoutez les cubes de tofu et faites-les revenir, en les mélangeant de temps en temps, pendant environ 4-5 minutes. Ils doivent être légèrement dorés de chaque côté.
3. Baissez le feu sous la poêle pour obtenir un feu doux. Ajoutez la sauce soja sur les cubes de tofu, mélangez bien pour que chaque morceau soit recouvert. Couvrez la poêle pour éviter les projections et laissez chauffer jusqu'à complète évaporation de la sauce soja (soit environ 1-2 minutes).
4. Servez aussitôt, idéalement avec un bol de riz.

Saumon et pommes de terre en papillote

Pour 1 personne
Préparation : 10 minutes
Cuisson : 20 ou 30 minutes

250 g de pommes de terre

½ cuillerée à café de graines de coriandre pilées

1 pavé de saumon (frais ou surgelé)

½ cuillerée à soupe d'huile d'olive

Sel de céleri (ou sel de mer)

1. Préchauffez le four à 180 °C (th. 6).
2. Épluchez les pommes de terre, coupez-les en très fines tranches (au couteau ou à la mandoline) et rincez-les bien.
3. Sur une feuille de papier cuisson posée sur une plaque allant au four, déposez la moitié des tranches de pommes de terre, en quinconce. Assaisonnez-les avec du sel de céleri et un peu de graines de coriandre pilées. Déposez dessus le pavé de saumon, côté peau en dessous. Terminez le montage avec l'autre moitié des tranches de pommes de terre, que vous assaisonnerez de la même manière que la première. Versez l'huile d'olive sur le tout.
4. Fermez la papillote en rabattant dans un premier temps les côtés avant et arrière de la feuille, et soudez-les en pliant deux ou trois fois. Rabattez ensuite les côtés en les pliant sur eux-mêmes et en les glissant sous la papillote.
5. Enfournez pendant 20 minutes (si le poisson est frais) ou 30 minutes (si le poisson est surgelé).
6. Dégustez dès la sortie du four, éventuellement avec une sauce à base de fromage blanc, ciboulette ciselée, sel et poivre.

MEXICO
DOUX

Je veux bien manger quand je télétravaille et...

Écrasé de pommes de terre à la brandade

Ayant vécu longtemps dans l'Hérault, j'ai toujours mangé de la brandade, une spécialité culinaire de Nîmes consistant en un mélange savoureux de morue, d'huile et de divers aromates, que l'on trouve facilement dans tout le Languedoc. Jusqu'à une date récente, il n'était malheureusement pas possible de s'en procurer ailleurs en France. Ce problème est maintenant résolu et on peut trouver dans de nombreux rayons frais de supermarchés, parmi d'autres préparations à base de poisson, de la brandade de morue, qui peut se manger sur des tartines de pain ou accompagnée de quelques pommes de terre, pour préparer une brandade parmentière, comme la version proposée ici.

Pour 1 personne
Préparation : 5 minutes
Cuisson : 20 minutes

250 g de pommes de terre

½ oignon frais

1 cuillerée à soupe d'huile d'olive

1 bonne cuillerée à soupe de brandade de morue

Sel

1. Portez une casserole d'eau salée à ébullition.
2. Épluchez les pommes de terre, rincez-les et coupez-les en gros morceaux. Faites-les bouillir pendant 20 minutes.
3. Pendant la cuisson des pommes de terre, épluchez le demi-oignon frais, rincez-le et détaillez-le en fins tronçons, en veillant à garder quelques parties vertes.
4. Dans votre assiette, déposez les morceaux de pommes de terre, écrasez-les avec un presse-purée ou une fourchette, arrosez avec l'huile d'olive, ajoutez la brandade et l'oignon frais ciselé. Mélangez le tout.

ARCHITECTURE

Pain perdu salé

Le pain perdu salé est idéal quand on n'a pas beaucoup de temps pour cuisiner. Il permet de terminer le pain devenu trop sec pour être mangé frais et se prête aussi à plusieurs assaisonnements. En outre, sa cuisson au four évite d'avoir à le surveiller, ce qui est un gain de temps certain !

Pour 1 personne
Préparation : 10 minutes
Cuisson : 20 minutes

60 g d'emmental ou de comté

12,5 cl de lait demi-écrémé (vous pouvez remplacer jusqu'à la moitié de cette quantité de lait par du vin blanc sec)

1 pincée de noix de muscade râpée

1-2 tranches de pain sec (40-50 g)

1 tranche de jambon (cuit ou cru)

Sel et poivre

1. Préchauffez le four à 180 °C (th. 6).
2. Râpez le fromage.
3. Dans un bol, mélangez le lait (et éventuellement le vin blanc) avec la noix de muscade râpée et ajustez l'assaisonnement en sel et poivre.
4. Déposez les tranches de pain dans un plat allant au four d'une taille adaptée à leur surface. Versez dessus le mélange lacté. Déposez, sur chaque tranche de pain, un morceau de jambon et recouvrez le tout avec le fromage râpé.
5. Enfournez pendant environ 20 minutes, jusqu'à ce que le fromage soit bien gratiné. Dégustez aussitôt.

Nouilles sautées au porc

Pour 1 personne
Préparation : 10 minutes
Cuisson : 10 minutes

1 côte de porc (environ 100 g)

2 cuillerées à soupe de sauce soja

1 cuillerée à soupe de nuoc-mâm

1 cuillerée à café de miel

½ cuillerée à café de gingembre en poudre

1 cuillerée à café d'huile de sésame

80 g de nouilles aux œufs

½ oignon (ou un petit)

½ courgette

1 cuillerée à soupe d'huile neutre (tournesol, pépins de raisin)

1. Désossez la côte de porc et découpez-la en fines lanières.
2. Préparez une marinade en mélangeant dans un bol la sauce soja, le nuoc-mâm, le miel, le gingembre en poudre et l'huile de sésame. Plongez-y les morceaux de viande et mélangez bien. Laissez mariner le temps de poursuivre la recette.
3. Faites cuire les nouilles dans une casserole d'eau non salée, pendant le temps indiqué sur l'emballage (temps minimum, pour une cuisson *al dente*). À la fin de la cuisson, égouttez les pâtes et refroidissez-les sous un jet d'eau froide. Réservez.
4. Épluchez l'oignon et émincez-le en fines lanières. Coupez la demi-courgette en fines rondelles et ôtez son extrémité.
5. Dans une poêle, à feu moyen, faites revenir l'oignon émincé et les rondelles de courgette avec l'huile neutre, pendant environ 2 minutes, en remuant régulièrement.
6. Ajoutez dans la poêle les morceaux de porc et poursuivez la cuisson pendant encore 2 minutes, en mélangeant régulièrement afin de faire cuire la viande uniformément.
7. Ajoutez enfin la marinade et les nouilles cuites et poursuivez la cuisson en mélangeant bien pendant environ 2 minutes, le temps que les nouilles soient bien enrobées de marinade et que cette dernière se soit évaporée. Servez aussitôt.

Salade d'orange à la cannelle et à la fleur d'oranger

Si vous avez le temps, préparez cette salade en début de repas, cela permettra aux arômes de se développer.

Pour 1 personne
Préparation : 5 minutes
Réfrigération (facultatif) : 30 minutes

1 orange

½ cuillerée à café de cannelle en poudre

1 cuillerée à café d'eau de fleur d'oranger

1. À l'aide d'un couteau bien aiguisé, pelez l'orange à vif, en ôtant toutes les parties blanches. Vous voyez alors les membranes séparant chaque quartier ; insérez la lame du couteau de chaque côté de ces membranes, jusqu'au cœur de l'orange, pour dégager les suprêmes (soit les quartiers dégagés de toute peau). En réalisant cette opération, veillez à bien récupérer le jus de l'orange.
2. Déposez les suprêmes dans une petite coupelle, ajoutez le jus de l'orange, la cannelle en poudre et l'eau de fleur d'oranger et mélangez délicatement. Si possible, rafraîchissez un peu cette salade en la plaçant au réfrigérateur, à couvert, pendant une trentaine de minutes avant de la déguster.

Golden latte

Ce golden latte (ou « lait d'or ») est la boisson idéale à boire en télétravail, car sa préparation au bureau est plus délicate. Chaud et réconfortant, le golden latte a une belle couleur jaune doré grâce au curcuma. Cette épice est notamment reconnue pour ses vertus digestives, antioxydantes et anti-inflammatoires.

Pour 1 personne
Préparation : 1 minute
Cuisson et infusion : 13 minutes

20 cl de lait de coco

1 cuillerée à café de curcuma

1 bâton de cannelle

½ cuillerée à café de gingembre en poudre

1 cuillerée à café de miel (ou plus, selon votre goût)

1 tour de moulin à poivre

Un peu de cannelle en poudre (facultatif)

1. Versez tous les ingrédients dans une casserole à l'exception du miel, du poivre et de la cannelle en poudre, mélangez bien au fouet et portez à ébullition.
2. Baissez un peu le feu et laissez frémir pendant 2-3 minutes, puis ôtez la casserole du feu, couvrez-la et laissez infuser hors du feu pendant une dizaine de minutes.
3. Mélangez de nouveau et ôtez le bâton de cannelle. Versez dans une tasse puis ajoutez le miel et le poivre. Vous pouvez aussi ajouter un peu de cannelle en poudre.

RESCUED
PAPER

Infusion de gingembre

Cette infusion un peu piquante a de nombreux bienfaits : elle est notamment anti-inflammatoire, antiseptique, elle facilite la digestion et permet de lutter contre la fatigue. Elle peut se boire aussi bien chaude que froide ; vous pouvez ainsi la préparer dès le matin pour la déguster tout au long de la journée.

Pour 1 litre d'infusion (soit 3 ou 4 tasses)
Préparation : 5 minutes
Cuisson : 15 minutes
Repos : 10 minutes

1 morceau de 4-5 cm de gingembre

1 litre d'eau

1. Épluchez le gingembre et râpez-le finement (à défaut, découpez-le en petits morceaux).
2. Versez l'eau et le gingembre dans une casserole et portez à ébullition. Laissez bouillir pendant 15 minutes. À la fin de la cuisson, ôtez du feu et couvrez pour laisser infuser encore pendant 10 minutes. Filtrez : l'infusion est prête !

Bon à savoir
Vous pouvez également ajouter un peu de miel pour sucrer légèrement cette préparation, et quelques tranches de citron pour un peu plus d'acidité.

JE VEUX
BIEN MANGER
QUAND JE
TÉLÉTRAVAILLE
ET…

JE N'AI PAS LE TEMPS X

J'AI TOUT PRÉVU X

J'AI DE QUOI EMPORTER X

J'AI UN INVITÉ SURPRISE X

Granola salé

Avoir toujours un pot de granola salé prêt à l'emploi est idéal quand on télétravaille. On peut en saupoudrer sur une salade composée ou une soupe, un reste de légumes cuisinés... On peut aussi le grignoter, en apéritif ou comme encas !

Pour 1 gros pot de granola (350 g environ)
Préparation : 15 minutes
Cuisson : 30 minutes

50 g de noisettes entières

50 g d'amandes entières

130 g de flocons d'avoine

40 g de graines de courge

30 g de graines de tournesol

30 g de graines de lin

20 g de graines de sésame

½ cuillerée à café de paprika fumé

½ cuillerée à café de sel fin

3 cuillerées à soupe d'huile d'olive

1 blanc d'œuf

1 cuillerée à soupe de miel

1. Préchauffez le four à 150 °C (th. 5).
2. Coupez grossièrement au couteau les noisettes et les amandes (en deux ou quatre). Dans un saladier, mélangez les flocons d'avoine, les noisettes et les amandes concassées, les graines, le paprika et le sel.
3. Dans un bol, mélangez l'huile d'olive, le blanc d'œuf et le miel.
4. Versez le mélange huile, miel et blanc d'œuf sur les ingrédients secs du saladier, mélangez à la cuillère jusqu'à ce que tout soit bien imbibé.
5. Déposez ce mélange sur une plaque à pâtisserie recouverte de papier cuisson, en le répartissant bien sur toute la surface. Enfournez pendant 30 minutes, en mélangeant le granola toutes les 7-8 minutes, de manière qu'il dore uniformément.
6. À la sortie du four, laissez le granola refroidir sur la plaque. Une fois refroidi, versez-le dans un pot fermant hermétiquement. Vous pourrez le conserver ainsi pendant plusieurs semaines.

Bon à savoir

Vous pouvez le préparer selon les graines ou fruits secs dont vous disposez, et essayer aussi d'autres épices pour varier son goût.

WED

Purée de pois cassés à la poitrine de porc grillée

Le mélange des pois cassés avec la poitrine fumée de porc est délicieux. Le seul défaut des pois cassés, c'est la longueur de leur temps de cuisson, mais en télétravail, vous pouvez lancer la cuisson bien en amont de votre repas puisqu'elle ne nécessite pas beaucoup de surveillance. Vous n'aurez ainsi qu'à mixer la purée et cuire la poitrine fumée au moment de vous mettre à table.

Pour 1 personne • Préparation : 5 minutes • Cuisson : 1 h 05

80 g de pois cassés

1 feuille de laurier-sauce

50 g de tranches très fines de poitrine de porc fumée

Sel et poivre

1. Dans un verre suffisamment grand, mesurez le volume formé par les pois cassés, qui servira pour doser la quantité d'eau nécessaire à la cuisson.
2. Dans une large casserole, versez les pois cassés et 4 volumes d'eau froide. Ajoutez la feuille de laurier-sauce et portez le mélange à ébullition. Baissez alors le feu pour obtenir un feu doux et comptez entre 50 minutes et 1 heure de cuisson, en mélangeant de temps en temps.
3. À la fin de la cuisson, ôtez la feuille de laurier-sauce et ajustez l'assaisonnement en sel et poivre. Mixez à l'aide d'un robot mixeur plongeant (il doit normalement rester un peu d'eau de cuisson, gardez-la pour faire la purée, sinon ajoutez-en ou mettez éventuellement un peu de crème fraîche si vous souhaitez obtenir une consistance plus fluide).
4. Mettez une poêle à chauffer à feu moyen, faites-y revenir les tranches de poitrine fumée, sans ajout de matière grasse, jusqu'à ce qu'elles soient bien dorées (elles deviendront rapidement croustillantes en refroidissant !). Servez aussitôt la purée et déposez sur le dessus les tranches de poitrine fumée grillée.

Tarte à la tomate et aux anchois

Pour 1 personne • Préparation : 15 minutes
Cuisson : 40 minutes environ

4-5 anchois conservés au sel (ou une dizaine de filets)

125 g de farine T55

5 cuillerées à soupe d'huile d'olive

5,5 cuillerées à soupe d'eau

1 gousse d'ail

300 g de tomates concassées

1 cuillerée à soupe d'olives noires entières

Sel et poivre

1. Déposez les anchois dans un petit bol d'eau pour les dessaler. Changez une ou deux fois l'eau pendant le reste de la recette.
2. Pour préparer la pâte à tarte, versez dans un saladier la farine et une grosse pincée de sel, puis ajoutez 3 cuillerées à soupe d'huile d'olive. Mélangez quelques instants à la fourchette. Ajoutez ensuite 1,5 cuillerée à soupe d'eau et malaxez bien à la main jusqu'à obtention d'une consistance homogène (si le mélange est un peu sableux, ajoutez un peu d'eau). Étalez cette pâte sur un plan de travail fariné, foncez le moule à tarte et faites plusieurs trous dans la pâte à l'aide d'une fourchette.
3. Épluchez la gousse d'ail, coupez-la en deux et ôtez son germe. Découpez-la en tout petits morceaux.
4. Préchauffez le four à 180 °C (th. 6).
5. Versez les tomates concassées, l'ail, 1 cuillerée à soupe d'huile d'olive et 4 cuillerées à soupe d'eau dans une petite casserole et faites chauffer à feu moyen pendant environ 12 minutes. Salez et poivrez légèrement en fin de cuisson. Si vous utilisez des anchois entiers, prélevez les filets de manière à ôter l'arête centrale. Quand la sauce tomate est prête, versez-la sur le fond de tarte, puis déposez joliment dessus les filets d'anchois et les olives. Terminez par un filet d'huile d'olive (1 cuillerée à soupe). Enfournez pendant 30 minutes.

Bon à savoir

Cette tarte peut aussi bien se déguster chaude à la sortie du four, que froide, accompagnée éventuellement d'un peu de salade verte.

Cette recette me vient de l'une de mes grands-mères, qui préparait cette tarte dans un grand moule rectangulaire, pour une grande tablée. Pour une personne, si vous êtes souvent en télétravail, le mieux est de vous procurer un moule à tarte (ou un cercle) adapté à une personne (le mien mesure 18 cm de diamètre, c'est une grosse part individuelle mais le surplus éventuel peut tout à fait se transformer en apéritif le soir venu !).

Sauces préparées à l'avance pour les pâtes

Pour varier les accompagnements de pâtes, vous pouvez préparer plusieurs sauces en avance, et les conserver au réfrigérateur ou au congélateur, en particulier dans des contenants correspondant à des doses individuelles (pour les sauces à base de tomate) ou dans des bacs à glaçons (pour les pestos).

Pour 1 personne
Cuisson : 10 minutes pour les pâtes

100 g de pâtes

Accompagnement au choix

Sel

Faites cuire les pâtes dans une casserole d'eau salée, le temps indiqué sur l'emballage (généralement une dizaine de minutes). Égouttez-les et mélangez-les dans la casserole de cuisson avec la sauce désirée, si possible décongelée, et mélangez délicatement en maintenant la casserole sur le feu pendant 1 à 2 minutes.

Sauces tomate

(pour environ 20 cl de sauce, soit deux doses individuelles)

Préparation et cuisson : 30 minutes environ

Sauce arrabbiata (pimentée)

- 1 gousse d'ail
- 1 cuillerée à soupe d'huile d'olive
- 1 cuillerée à café de piment fort
- 400 g de tomates concassées (fraîches ou en boîte)
- Sel

Épluchez la gousse d'ail, coupez-la en deux, ôtez son germe et découpez-la en petits morceaux.
Dans une large poêle, faites revenir à feu moyen, dans l'huile d'olive, l'ail coupé et le piment fort, pendant 1 à 2 minutes, en remuant de temps en temps. Ajoutez les tomates concassées ; si vous utilisez une boîte, une fois qu'elle est vidée, remplissez-la au tiers d'eau pour bien récupérer toutes les tomates et versez dans la poêle (si vous utilisez des tomates fraîches, ajoutez 15 cl d'eau aux tomates détaillées en dés). Faites chauffer à feu moyen-doux pendant environ 20 minutes, en mélangeant de temps en temps. Ajustez l'assaisonnement en sel vers la fin de la cuisson.

Sauce bolognaise

- 1 oignon
- 1 carotte
- 1 cuillerée à soupe d'huile d'olive
- Environ 200 g de bœuf haché
- 5 cl de vin blanc sec
- 400 g de tomates concassées (fraîches ou en boîte)
- Sel

Épluchez l'oignon et la carotte et émincez-les finement.
Dans une large poêle, faites revenir à feu moyen dans l'huile d'olive, l'oignon et la carottes émincés, pendant 4-5 minutes, en remuant de temps en temps. Ajoutez le bœuf haché et mélangez bien jusqu'à ce que la viande colore uniformément (environ 2 minutes). Ajoutez un demi-verre de vin blanc sec (environ 5 cl), mélangez bien et poursuivez la cuisson jusqu'à ce que le vin se soit évaporé. Ajoutez les tomates concassées ; si vous utilisez une boîte, une fois qu'elle est vidée, remplissez-la au tiers d'eau pour bien récupérer toutes les tomates et versez dans la poêle (si vous utilisez des tomates fraîches, ajoutez 15 cl d'eau aux tomates détaillées en dés). Faites chauffer à feu moyen-doux pendant environ 20 minutes, en mélangeant de temps en temps. Ajustez l'assaisonnement en sel vers la fin de la cuisson.

Sauce puttanesca (aux olives, anchois et câpres)

1 gousse d'ail

80 g d'olives noires dénoyautées

1 cuillerée à soupe d'huile d'olive

3 filets d'anchois

1 cuillerée à soupe de câpres

400 g de tomates concassées (fraîches ou en boîte)

¼ de cuillerée à café de piment

Sel

Épluchez la gousse d'ail, coupez-la en deux, ôtez son germe et découpez-la en petits morceaux. Coupez les olives noires dénoyautées en tranches fines.
Dans une large poêle, faites revenir à feu moyen dans l'huile d'olive, les filets d'anchois (préalablement rincés dans l'eau pour les dessaler s'ils sont conservés au sel) et l'ail coupé pendant environ 1 minute. Ajoutez les câpres et poursuivez la cuisson pendant 1 minute. Ajoutez les tomates concassées ; si vous utilisez une boîte, une fois qu'elle est vidée, remplissez-la au tiers d'eau pour bien récupérer toutes les tomates et versez dans la poêle (si vous utilisez des tomates fraîches, ajoutez 15 cl d'eau aux tomates détaillées en dés). Ajoutez enfin le piment et les olives et faites chauffer à feu moyen-doux pendant environ 20 minutes, en mélangeant de temps en temps. Ajustez l'assaisonnement en sel vers la fin de la cuisson.

Pestos divers

(pour une dizaine d'alvéoles à glaçons, soit dix doses individuelles)

1 botte d'herbes aromatiques (basilic, ciboulette, persil, coriandre, ail des ours) ou les fanes d'une botte de radis ou de carottes nouvelles.

1 gousse d'ail

60 g de parmesan râpé

50 g de fruits secs (noisettes, amandes, noix, pignons de pin) ou de graines de tournesol

4 cuillerées à soupe d'huile d'olive

Rincez et séchez la botte d'herbes aromatiques ou les fanes d'une botte de radis ou de carottes nouvelles. Effeuillez-la et déposez-la dans le bol d'un mixeur, avec la gousse d'ail épluchée et dégermée, le parmesan râpé, les fruits secs ou les graines de tournesol et l'huile d'olive.
Mixez jusqu'à obtention d'une consistance homogène.
Conservez au réfrigérateur dans un bocal refermable ou versez dans les alvéoles d'un moule à glaçons, si vous souhaitez les congeler.

Calzone

Pour 1 personne • Préparation : 15 minutes • Repos : 3 heures
Cuisson : 15 minutes

POUR LA PÂTE À PIZZA

125 g de farine T55

½ sachet de levure boulangère déshydratée

½ cuillerée à café de sel

1,5 cuillerée à soupe d'huile d'olive

8 cl d'eau tiède

POUR LA CALZONE

1 pâte à pizza

3 cuillerées à soupe de coulis de tomates

1 cuillerée à café d'origan séché

Garniture au choix : tranche de jambon cuit ou cru, chorizo, coppa, fromages divers, œuf, restes de légumes cuisinés, etc.

1 cuillerée à soupe d'huile d'olive

1 cuillerée à soupe rase de farine T55

Sel et poivre

1. Préparez la pâte à pizza. Dans un saladier, mélangez à la fourchette la farine avec la levure, le sel et l'huile, puis ajoutez progressivement l'eau tiède et mélangez bien. Si vous n'arrivez pas à tout amalgamer, ajoutez éventuellement un peu d'eau. Couvrez le saladier d'un torchon et laissez monter la pâte à température ambiante pendant au moins 3 heures.
2. Préchauffez le four à 220 °C (th. 7-8).
3. Dans un bol, mélangez le coulis de tomates avec l'origan séché et ajustez l'assaisonnement en sel et poivre.
4. Sur un plan de travail propre et sec, versez la cuillerée à soupe de farine, répartissez-la bien. Étalez la pâte à pizza à l'aide d'un rouleau à pâtisserie de manière à obtenir un disque d'au moins 25 cm de diamètre (sauf si vous préférez préparer deux petites calzones, en particulier si vous voulez deux garnitures différentes, auquel cas formez deux disques d'un peu plus de 10 cm de diamètre). Déposez le disque de pâte sur une plaque à pâtisserie recouverte de papier cuisson puis versez, sur une des moitiés de ce disque, le coulis de tomates assaisonné, en veillant bien à laisser au moins 1 cm sans rien sur les bords arrondis (pour fermer la calzone).
5. Ajoutez sur le coulis la garniture désirée (par exemple : une petite tranche de jambon cuit, quelques morceaux de mozzarella et un œuf). Refermez la calzone en repliant la pâte bord à bord et fermez-la bien en pressant les bords l'un contre l'autre (éventuellement en formant un petit bourrelet de fermeture). À l'aide d'un pinceau de cuisine (à défaut avec les doigts), badigeonnez la calzone avec l'huile d'olive. Enfournez pendant 15 minutes environ, jusqu'à ce que la surface de la calzone soit légèrement dorée.

La calzone est une sorte de chausson garni comme une pizza, qui se prête à bien des variations dans le choix de sa garniture. Pour cette recette, il vous faudra préparer en avance une pâte à pizza, qui a besoin d'au moins 3 heures de repos.

Flammekueche

Pour 1 personne
Préparation : 10 minutes
Cuisson : 10 minutes

1 pâte à pizza (voir page 60)

1 cuillerée à soupe rase de farine T55

1 petit oignon jaune

80 g de poitrine fumée

100 g de yaourt grec, fromage blanc ou crème fraîche épaisse

Sel et poivre

1. Préchauffez le four à 240 °C (th. 8).
2. Sur une plaque à pâtisserie recouverte de papier cuisson, saupoudrez la farine et étalez la pâte à pizza à l'aide d'un rouleau à pâtisserie pour former un grand rectangle.
3. Épluchez l'oignon et émincez-le finement.
4. Détaillez la poitrine fumée en fines tranches pour former des lardons.
5. Dans un bol, mélangez le yaourt avec un peu de sel et de poivre.
6. Étalez le yaourt assaisonné sur la surface de la pâte étalée, puis répartissez les oignons émincés et les lardons.
7. Enfournez pendant 10 minutes environ, jusqu'à ce que la surface de la flammekueche commence à dorer.

Brochettes de poulet mariné

Pour 1 personne
Préparation : 10 minutes
Temps de marinade : 1 heure au moins
Cuisson : 20 minutes

1 escalope de poulet

1 petite gousse d'ail

1 cm de gingembre frais (ou 1 cuillerée à café de gingembre en poudre)

3 cuillerées à soupe de sauce soja

1 cuillerée à soupe d'huile d'olive

1 cuillerée à café de miel

1. Découpez l'escalope de poulet en petits morceaux (de la taille d'une bouchée). Pelez et dégermez la gousse d'ail et pressez-la. Épluchez le gingembre et râpez-le finement.
2. Dans un bol, mélangez l'ail pressé, le gingembre râpé, la sauce soja, l'huile d'olive et le miel. Ajoutez les morceaux de poulet et mélangez jusqu'à ce qu'ils soient tous bien recouverts de marinade. Couvrez le bol et placez-le au réfrigérateur pendant au moins 1 heure.
3. Si vous utilisez des piques à brochette en bois, faites-les tremper dans l'eau au moins 30 minutes pour éviter qu'elles ne brunissent et deviennent fragiles.
4. Préchauffez le four à 180 °C.
5. Assemblez les morceaux de poulet sur les piques à brochettes. Placez les brochettes dans un plat allant au four assez étroit pour que les brochettes puissent reposer sur le rebord. Mettez un peu d'eau au fond du plat (quelques cuillerées à soupe).
6. Enfournez pendant environ 20 minutes.

Bon à savoir
Ces brochettes pourront se déguster avec une salade composée (par exemple un mélange de carottes râpées et endives ou pousses de soja, accompagnées de quelques cacahuètes grillées et salées concassées).

Tartare de saumon

Pour 1 personne
Préparation : 10 minutes
Réfrigération : au moins 30 minutes

- 1 pavé de saumon
- 1,5 cuillerée à café de sauce soja
- 1 cuillerée à café de jus de citron
- 1 cuillerée à café d'huile d'olive
- Quelques graines de sésame
- Un peu de ciboulette (facultatif)
- Sel et poivre

1. Ôtez la peau du pavé de saumon et détaillez-le en petits cubes d'un peu moins d'un centimètre de côté. Déposez ces cubes dans un bol, couvrez-le d'un film alimentaire et placez-le au réfrigérateur pendant au moins 30 minutes.
2. Préparez la sauce du tartare en mélangeant la sauce soja, le jus de citron et l'huile d'olive. Ajustez l'assaisonnement en sel et en poivre.
3. Sortez le saumon peu de temps avant de le déguster. Mélangez-le bien avec la sauce, de manière que chaque morceau soit bien enrobé. Ajoutez quelques graines de sésame et éventuellement un peu de ciboulette ciselée, fraîche ou surgelée.

Bon à savoir
Ce tartare peut se déguster aussitôt ou après quelques minutes de marinade. Il est délicieux accompagné d'un demi-avocat coupé en tranches ou encore d'un bol de riz, selon votre préférence.

Chili chakchouka

Ce que je préfère dans la chakchouka (poêlée d'origine maghrébine de poivrons, oignons et tomates, dans laquelle on fait cuire des œufs comme des œufs au plat), c'est le goût de l'œuf cuit dans la tomate. En été, j'adore préparer les œufs de cette manière dans une ratatouille. Voici ici une autre version de l'œuf cuit dans la sauce tomate, agrémentée de quelques haricots rouges, à mi-chemin entre un chili sin carne et une chakchouka ! Le plus long est la préparation de la sauce tomate. Vous pouvez la cuisiner éventuellement la veille de votre journée de télétravail, voire bien avant et en avoir toujours à disposition dans votre congélateur.

Pour 1 personne • Préparation : 10 minutes
Cuisson : 30 minutes environ

- 1 petit oignon
- 1 gousse d'ail
- 1 cuillerée à soupe d'huile d'olive
- ½ cuillerée à café de graines de coriandre pilées
- ¼ de cuillerée à café de piment fort
- 400 g de tomates concassées
- Environ 140 g de haricots rouges cuits égouttés
- 1 ou 2 œufs
- Sel et poivre

1. Épluchez l'oignon et émincez-le finement. Épluchez la gousse d'ail, coupez-la en deux, ôtez son germe et détaillez-la en petits morceaux.
2. Dans une poêle, à feu moyen, faites revenir l'oignon émincé avec l'huile d'olive pendant 3-4 minutes, en remuant de temps en temps.
3. Ajoutez les graines de coriandre pilées, le piment et l'ail, poursuivez la cuisson pendant environ 1 minute.
4. Ajoutez les tomates concassées et un demi-verre d'eau, soit environ 6 cl (si vous utilisez une boîte de tomates en conserve, une fois qu'elle est vidée, remplissez-la au tiers d'eau pour bien récupérer toutes les tomates et versez dans la poêle). Faites cuire à feu doux pendant environ 10 minutes, en remuant de temps en temps.
5. Au bout des 10 minutes, ajustez l'assaisonnement en sel et poivre et ajoutez éventuellement un peu de piment, selon votre goût. Ajoutez ensuite les haricots rouges rincés et égouttés et poursuivez la cuisson à feu doux pendant environ 5 minutes. Cassez 1 ou 2 œufs dans ce mélange et laissez-le·s cuire pendant environ 7-8 minutes, en couvrant la poêle vers la fin de la cuisson de manière à bien cuire les blancs. Servez aussitôt.

J'ai découvert la parfaite association des aubergines avec une sauce tomate très aillée chez l'une de mes grands-mères. Elle faisait frire l'aubergine détaillée en rondelles, c'était délicieusement gras ! En voici une version un peu plus légère, avec une cuisson des aubergines au four et une quantité d'huile réduite. La burrata accompagne à merveille le tout. Les aubergines grillées peuvent être facilement préparées à l'avance, vous pouvez même les congeler une fois cuites et salées, vous en aurez ainsi toujours à disposition.

Aubergines grillées à la tomate et burrata

Pour 1 personne • Préparation : 10 minutes
Cuisson : 40 minutes environ

3 gousses d'ail

200 g de tomates concassées en conserve

1 aubergine

1 burrata

1,5 cuillerée à soupe d'huile d'olive

Sel et poivre

1. Préchauffez le four à 200 °C (th. 6-7).
2. Épluchez les gousses d'ail, coupez-les en deux et ôtez leur germe. Découpez-les en tout petits morceaux.
3. Dans une casserole, faites revenir l'ail à feu moyen dans une demi-cuillerée à soupe d'huile d'olive pendant 1 minute. Ajoutez les tomates concassées ; une fois que la boîte est vidée, remplissez-la au tiers d'eau pour bien récupérer toutes les tomates et versez le jus dans la casserole. Faites chauffer à feu moyen-doux pendant environ 25 minutes, en mélangeant de temps en temps (la consistance doit être un peu grumeleuse et pas trop liquide). Ajustez l'assaisonnement en sel et poivre vers la fin de la cuisson.
4. Pendant la cuisson de la sauce tomate, équeutez l'aubergine. Découpez-la dans le sens de la longueur en tranches assez fines (0,5 cm d'épaisseur). Déposez ces tranches sur une plaque à pâtisserie recouverte de papier cuisson. Badigeonnez leur surface avec une demi-cuillerée à soupe d'huile d'olive à l'aide d'un pinceau de cuisine.
5. Enfournez pendant 8 minutes, puis sortez la plaque et retournez les tranches. Badigeonnez leur autre face avec une demi-cuillerée à soupe d'huile d'olive et enfournez pendant 8 minutes. À la sortie du four, salez les tranches d'aubergine. Dressez votre assiette en la tapissant des tranches d'aubergine grillées, recouvrez de sauce tomate et ajoutez la burrata égouttée.

MARDI
MON
TUE
WED
THU
SAT

MEXICO
ALL-PURPOSE
SEASONING
KIKKOMAN
Sauce Soja
PAPRIKA
DOUX

Crackers aux graines

Il est très pratique d'avoir toujours chez soi quelques crackers quand on télétravaille. Ils peuvent combler les petits creux ou être tartinés de diverses préparations salées ou sucrées quand on mange sur le pouce. La recette de base est simple et les assaisonnements possibles sont multiples. Voici 2 recettes, avec et sans fromage, selon l'usage que vous en ferez !

Pour 1 plaque de crackers • Préparation : 5 minutes
Cuisson : 20-25 minutes

- 125 g de farine (T55 ou plus complète)
- 100 g d'un mélange de graines (lin, pavot, sésame, tournesol)
- ½ cuillerée à café de sel
- 6 cl d'eau
- 25 g d'huile d'olive

Recette 1 : Préchauffez le four à 180 °C.
Dans un saladier, mélangez la farine, les graines et le sel. Ajoutez l'eau et l'huile d'olive, mélangez bien à l'aide d'une fourchette puis à la main, jusqu'à obtention d'une pâte homogène. Découpez deux feuilles de papier cuisson de la taille de la plaque qui vous servira pour la cuisson des crackers. Déposez la boule de pâte au milieu de la première feuille, recouvrez-la de l'autre feuille et étalez la pâte au rouleau à pâtisserie, sur une épaisseur d'environ 2 mm. Enlevez la feuille de papier supérieure et découpez la pâte en rectangles réguliers. Déposez la feuille avec les rectangles de pâte sur la plaque. Enfournez pendant environ 20-25 minutes, jusqu'à ce que les rectangles de pâte soient bien dorés. Si certains crackers sont plus dorés que d'autres, sortez-les du four au fur et à mesure de leur coloration. Laissez refroidir complètement les crackers sur une grille avant de les conserver dans une boîte hermétique (ils se conservent plusieurs semaines).

- 125 g de farine (T55 ou plus complète)
- 50 g d'un mélange de graines de tournesol et sésame
- 25 g d'huile d'olive
- 30 g de comté ou d'emmental râpé
- 6 cl d'eau
- 25 g de graines de courge

Recette 2 : Procédez comme pour la recette précédente, en mélangeant tous les ingrédients à l'exception des graines de courge, que vous rajouterez à plat sur la pâte étalée, en les répartissant bien et en les enfonçant légèrement à l'aide du rouleau à pâtisserie.

Cookies (boules à congeler)

Quel régal d'avoir toujours à disposition dans son congélateur des boules de cookies prêtes à passer au four. Pour les journées compliquées, les envies de douceurs, les goûters pas prévus…

Pour une quinzaine de cookies
Préparation : 15 minutes
Cuisson : 12 minutes

- 120 g de chocolat noir
- 100 g de beurre demi-sel
- 50 g de sucre roux
- 50 g de sucre blanc en poudre
- 1 sachet de sucre vanillé
- 1 œuf
- 170 g de farine T55
- 1 cuillerée à café rase de bicarbonate alimentaire

1. Découpez au couteau le chocolat en morceaux plus ou moins gros, pour former les pépites.
2. Faites ramollir légèrement le beurre dans une casserole ou au four à micro-ondes.
3. Dans un saladier, mélangez le beurre et les sucres et fouettez bien. Ajoutez l'œuf et continuez de fouetter.
4. Ajoutez la farine et le bicarbonate et mélangez bien à la cuillère. Terminez en ajoutant les pépites de chocolat et mélangez bien.
5. À l'aide d'une cuillère à soupe ou d'une cuillère à glace, prélevez des boules de cette pâte (de la taille d'une grosse noix à peu près). Déposez ces boules sur un plateau ou une assiette recouverte de papier cuisson et congelez ainsi, à plat, pendant au moins 3 heures. Une fois qu'elles sont congelées, stockez-les dans un sachet de congélation.
6. Pour cuire les cookies, déposez les boules congelées sur une plaque à pâtisserie recouverte de papier cuisson et enfournez dans un four préchauffé à 190 °C (th. 6-7), pendant 10-12 minutes (les bords des cookies doivent être légèrement dorés).

Crumble sucré pour accompagner compotes et yaourts

Pour 1 gros bocal • Préparation : 10 minutes • Cuisson : 20 minutes

120 g de beurre demi-sel

150 g de farine T55 (ou plus complète si vous préférez)

50 g de poudre d'amandes

100 g de sucre en poudre

1. Préchauffez le four à 180 °C (th. 6).
2. Faites légèrement réchauffer le beurre, dans une casserole ou au four à micro-ondes, pour le ramollir un peu.
3. Dans un saladier, versez la farine, la poudre d'amandes et le sucre et mélangez bien. Ajoutez le beurre et mélangez à la fourchette puis avec les doigts de manière à obtenir une consistance homogène et sableuse, en conservant quelques morceaux plus gros que les autres.
4. Recouvrez une plaque allant au four de papier cuisson et répartissez dessus la poudre grossière obtenue précédemment. Enfournez quand le four est chaud.
5. Au bout de 10 minutes de cuisson, sortez la plaque et mélangez la poudre pour qu'elle dore parfaitement de tous les côtés et étalez-la de nouveau. Réitérez cette opération 5 minutes plus tard.
6. Sortez la plaque après 20 minutes de cuisson au total et laissez refroidir le mélange sur la plaque, à température ambiante. Attendez que celui-ci refroidisse totalement pour le transvaser dans un récipient fermant hermétiquement. Ce mélange se conserve parfaitement pendant 2 à 3 semaines.

Bon à savoir
Ce crumble prêt à l'emploi accompagne merveilleusement yaourts, compotes et salades de fruits, auxquels il apporte du croquant et de la gourmandise !

Citronnade

Pour environ 1 litre de boisson
Préparation : 5 minutes
Refroidissement et réfrigération : 3 heures au moins

2 citrons jaunes non traités

1 litre d'eau

50 g de sucre en poudre

1. À l'aide d'un économe, prélevez le zeste des citrons, en veillant à ne prendre que la partie jaune et pas la partie blanche, trop amère.
2. Portez l'eau à ébullition.
3. Déposez le zeste des citrons et le sucre dans un contenant suffisamment grand, puis versez dessus l'eau bouillante. Mélangez légèrement. Laissez infuser jusqu'à complet refroidissement du mélange (entre 1 et 2 heures).
4. Pressez les citrons. Quand le mélange est à température ambiante, filtrez-le et versez-le dans une carafe, puis ajoutez le jus de citron.

Bon à savoir
La citronnade est prête, mais elle sera encore meilleure bien fraîche, après un passage au réfrigérateur (au moins 1 heure).

Bissap (jus d'hibiscus)

Le bissap est une boisson originaire d'Afrique de l'Ouest. « Bissap » est le nom wolof de l'oseille de Guinée, une variété d'hibiscus dont on fait sécher les fleurs pour les infuser dans de l'eau chaude. Cette infusion acidulée, d'une belle couleur pourpre, se boit froide, sucrée, et est particulièrement rafraîchissante et désaltérante. Elle a également des vertus hypotensives et stimule la digestion. Je la préfère légèrement sucrée, mais vous pouvez augmenter la dose de sucre si vous préférez, ou au contraire ne pas en mettre et garder uniquement le sachet de sucre vanillé. C'est une boisson idéale à boire tout au long de la journée, surtout pendant les chaudes journées d'été.

Pour 1 litre de boisson
Préparation : 5 minutes
Infusion et refroidissement : au moins 2 heures

1 litre d'eau

2 cuillerées à soupe de fleurs d'hibiscus séchées

30 g de sucre en poudre

1 sachet de sucre vanillé

1. Portez l'eau à ébullition.
2. Dans un grand contenant, déposez les fleurs séchées d'hibiscus et versez dessus l'eau bouillante. Mélangez un peu et laissez infuser pendant une dizaine de minutes.
3. Filtrez le jus obtenu et versez-le dans une gourde ou un pichet. Ajoutez le sucre en poudre et le sucre vanillé, mélangez bien jusqu'à ce que le sucre soit complètement dissous.
4. Laissez refroidir complètement le mélange (environ 2 heures) avant de le boire. Vous pouvez aussi le placer au réfrigérateur si vous préférez le boire glacé ou ajouter quelques glaçons.

ECCTO

JE VEUX **BIEN MANGER** QUAND JE **TÉLÉTRAVAILLE** ET...

- **JE N'AI PAS LE TEMPS** ×
- **J'AI TOUT PRÉVU** ×
- **J'AI DE QUOI EMPORTER** ×
- **J'AI UN INVITÉ SURPRISE** ×

Salade de pois chiches au cumin

Pour 1 personne
Préparation : 5 minutes

- 200 g de pois chiches cuits
- 1 petite gousse d'ail
- 1 cuillerée à soupe d'huile d'olive
- 2 cuillerées à café de vinaigre balsamique
- 1 cuillerée à café de graines de cumin
- ½ cuillerée à café de cumin en poudre
- Sel et poivre

1. Égouttez et rincez les pois chiches.
2. Épluchez la gousse d'ail, coupez-la en deux et ôtez son germe. Pressez-la.
3. Préparez la sauce en mélangeant l'huile d'olive, le vinaigre balsamique, le cumin en graines et en poudre et l'ail pressé. Ajustez l'assaisonnement en sel et poivre.
4. Mélangez les pois chiches et la sauce dans un contenant transportable et refermable.

Salade composée aux crevettes

Pour 1 personne
Préparation : 10 minutes

½ pomelo

½ fenouil

½ avocat

1 petite boîte de crevettes cuites (environ 90 g, égouttées)

1 cuillerée à soupe de jus de citron

1 cuillerée à soupe de crème fraîche (épaisse ou liquide)

1 cuillerée à café de miel

Sel et poivre

1. À l'aide d'un couteau ou d'une cuillère à pamplemousse, prélevez la chair du pomelo, en veillant à bien conserver son jus, qui servira pour préparer la sauce de la salade.
2. Lavez le fenouil à l'eau, séchez-le bien et émincez-le finement (bulbe, tiges et feuilles).
3. Découpez le demi-avocat en tranches fines et ôtez sa peau.
4. Dans un contenant transportable et refermable, mélangez les morceaux de pomelo, le fenouil émincé, les tranches d'avocat et les crevettes préalablement égouttées.
5. Préparez la sauce en mélangeant le jus du pomelo avec le jus de citron, la crème fraîche et le miel, ajustez l'assaisonnement en sel et poivre. Versez cette sauce sur la salade et mélangez bien.

Ajlouk de courgette

L'ajlouk est une salade d'origine maghrébine, à base de courgettes écrasées et épicées. Il est traditionnellement servi en apéritif mais est parfait comme accompagnement prêt à emporter, à consommer avec du pain et éventuellement un peu de fromage, de charcuterie ou des œufs.

Pour 1 personne
Préparation : 10 minutes
Cuisson : 20 minutes
Refroidissement (facultatif) : 30 minutes

1 courgette

1 petite gousse d'ail

1 cuillerée à café de jus de citron

1 noisette de harissa

1,5 cuillerée à café d'huile d'olive

½ cuillerée à café de graines de coriandre pilées

2 pincées de piment doux en poudre

Sel et poivre

1. Lavez la courgette, épluchez-la en laissant un passage de peau sur deux. Ôtez ses extrémités et découpez-la en gros tronçons.
2. Dans une casserole, portez de l'eau salée à ébullition.
3. Quand l'eau bout, mettez les tronçons de courgette dans la casserole et laissez bouillir pendant 10 minutes.
4. Épluchez la gousse d'ail. Coupez-la en deux et ôtez son germe. Ajoutez ces morceaux d'ail dans la casserole et poursuivez la cuisson pendant encore 10 minutes.
5. À la fin de la cuisson, égouttez bien l'ail et les morceaux de courgette. Pressez bien la courgette pour enlever toute l'eau qu'elle contient.
6. Dans un petit bol, découpez la courgette et l'ail en petits morceaux puis écrasez-les bien à la fourchette. Ajoutez le jus de citron, la harissa, l'huile d'olive et les épices. Ajustez l'assaisonnement en sel et poivre.

Bon à savoir
L'ajlouk peut se consommer à température ambiante ou un peu froid, après un temps de refroidissement au réfrigérateur.

Houmous à la betterave

Pour 1 personne
Préparation : 10 minutes

- 1 petite gousse d'ail
- 100 g de pois chiches cuits égouttés
- 150 g de betteraves pelées cuites
- 1 cuillerée à soupe de purée de sésame (tahin)
- 1 cuillerée à café de jus de citron
- 3 cuillerées à soupe d'huile d'olive ou de sésame
- Sel et poivre

1. Épluchez la gousse d'ail, coupez-la en deux et ôtez son germe.
2. Dans un mixeur, versez les pois chiches, les betteraves, la purée de sésame, le jus de citron, l'huile et la gousse d'ail. Mixez jusqu'à obtention d'une pâte homogène. Ajustez l'assaisonnement en sel et poivre. Le houmous est prêt !

Bon à savoir
Si vous préférez un houmous classique, remplacez les betteraves par la même quantité de pois chiches. Pour le déguster, prévoyez du pain baguette ou en tranches, des pitas, des gressins ou des crackers (voir page 74).

Salade de haricots blancs (Piyaz)

Pour 1 personne
Préparation : 10 minutes

¼ d'oignon rouge

1 tomate moyenne ou 1 poignée de tomates cerises

Environ 130 g de haricots blancs cuits au naturel

Quelques brins de persil

1 cuillerée à soupe d'huile d'olive

1 cuillerée à café de vinaigre de vin rouge

1 cuillerée à café de jus de citron

1 grosse pincée de sumac (ou, à défaut, de paprika)

Sel et poivre

1. Épluchez l'oignon et émincez-le finement.
2. Découpez finement la tomate ou coupez les tomates cerises en deux.
3. Dans un contenant transportable et refermable, déposez les haricots blancs égouttés, l'oignon émincé et les morceaux de tomates.
4. Émincez le persil (l'équivalent d'environ 1 cuillerée à soupe) et ajoutez-le au mélange.
5. Préparez la sauce vinaigrette en mélangeant l'huile d'olive, le vinaigre, le jus de citron, le sumac, du sel et du poivre. Ajoutez cette vinaigrette dans la salade et mélangez bien.

Bon à savoir
Cette salade de haricots blancs (*Piyaz* en turc) est l'un des principaux mezzés en Turquie. Vous pouvez aussi la déguster accompagnée d'un œuf dur ou mollet.

Salade de lentilles à la truite fumée

Pour 1 personne
Préparation : 5 minutes
Cuisson : 20 minutes

70 g de lentilles vertes

1 petite échalote

1 tranche de truite fumée

1 cuillerée à café de baies roses

Quelques brins d'aneth

2 cuillerées à café d'huile neutre (tournesol, pépins de raisin)

Sel

1. Rincez les lentilles. Mettez-les dans une casserole avec une grande quantité d'eau froide. Portez à ébullition. Quand l'eau bout, baissez le feu de manière à obtenir un petit bouillon et faites cuire les lentilles pendant 20 minutes. Salez vers la fin de la cuisson. Égouttez et rincez les lentilles à l'eau froide pour arrêter leur cuisson et les refroidir. Réservez.
2. Pendant la cuisson des lentilles, épluchez l'échalote et émincez-la finement. Découpez la truite fumée en petits morceaux.
3. Dans une boîte transportable et refermable, mettez les lentilles cuites refroidies, les morceaux de truite fumée, l'échalote émincée et les baies roses. Ciselez l'aneth et ajoutez-le dans la salade. Versez l'huile et mélangez le tout.

Bon à savoir
Si vous n'avez pas de truite fumée, vous pouvez aussi préparer cette salade avec un autre poisson fumé, ou encore du maquereau grillé ou des sardines.

Salade de pâtes

Pour 1 personne
Préparation : 10 minutes
Cuisson : 10 minutes

100 g de pâtes courtes (fusilli, fusilli bucati, penne rigate, farfale)

1 tomate ou quelques tomates cerises

6 olives noires

2 tomates séchées

60 g de feta

1 petite poignée de feuilles de basilic

1 cuillerée à café d'huile d'olive

1 cuillerée à café d'huile de conservation des tomates séchées

Sel et poivre

1. Faites cuire les pâtes dans une casserole d'eau salée (*al dente*) selon les instructions du paquet. À la fin de la cuisson, égouttez-les bien et refroidissez-les sous un jet d'eau froide.
2. Découpez la tomate ou les tomates cerises en petits morceaux, ainsi que les olives, les tomates séchées et la feta.
3. Rincez les feuilles de basilic, séchez-les bien puis ciselez-les.
4. Déposez les pâtes dans un contenant transportable et refermable, puis ajoutez tous les autres ingrédients et mélangez bien. Assaisonnez avec l'huile d'olive, l'huile de conservation des tomates séchées et un peu de poivre.

Salade de carottes marocaines et œuf poché

Pour 1 personne • Préparation : 10 minutes
Cuisson : 20 minutes environ

2 grandes carottes (environ 200 g)

1 petite gousse d'ail

1 cuillerée à soupe d'huile d'olive

½ cuillerée à café de miel

1 cuillerée à café de jus de citron

½ cuillerée à café de cumin en poudre

1 cuillerée à soupe de graines de tournesol

2 cuillerées à café de vinaigre blanc

1 œuf

Quelques feuilles de persil ou de coriandre (facultatif)

Sel et poivre

1. Portez une casserole d'eau salée à ébullition. Épluchez les carottes, rincez-les et découpez-les en rondelles d'environ 0,5 cm d'épaisseur. Faites-les bouillir dans la casserole d'eau pendant 15 minutes.
2. Épluchez la gousse d'ail, ôtez son germe et pressez-la. Préparez la sauce de la salade en mélangeant l'ail pressé avec l'huile d'olive, le miel, le jus de citron et le cumin en poudre. Ajustez l'assaisonnement en sel et poivre.
3. Si vous en mettez, lavez les feuilles de persil ou de coriandre et ciselez-les finement.
4. À la fin de la cuisson des carottes, égouttez-les et refroidissez-les sous un jet d'eau froide.
5. Dans une poêle, à feu moyen, faites griller les graines de tournesol à sec pendant 2-3 minutes, en les mélangeant régulièrement de manière qu'elles dorent uniformément.
6. Portez une petite casserole d'eau à frémissement. Ajoutez le vinaigre blanc, puis plongez l'œuf entier (avec sa coquille) et laissez-le dans l'eau frémissante pendant 10 secondes. Retirez-le et cassez-le dans l'eau vinaigrée. Ramenez le blanc d'œuf autour du jaune à l'aide d'une cuillère et laissez cuire dans l'eau frémissante pendant 3 minutes. Égouttez-le. Si vous voulez le manger froid, vous pouvez le refroidir en le passant sous un jet d'eau froide.
7. Dans un contenant transportable et refermable, mélangez les rondelles de carottes avec la sauce et éventuellement le persil ou la coriandre. Déposez dessus l'œuf poché (salez l'œuf éventuellement).

Rillettes de thon

Pour 1 personne
Préparation : 5 minutes

1 boîte de thon au naturel (environ 100 g, égoutté)

50 g de fromage frais à tartiner

2 cuillerées à café de câpres égouttées, ou rincées si conservées au sel

Poivre

1. Dans un bol, écrasez à la fourchette le thon égoutté.
2. Ajoutez le fromage frais et les câpres et mélangez bien. Ajustez l'assaisonnement en poivre.
   C'est prêt ! Ces rillettes se dégustent avec du pain ou des crackers (voir page 74).

Bon à savoir
Vous pouvez aussi les préparer avec du maquereau grillé plutôt que du thon. Dans ce cas, mettez un peu plus de fromage frais.

Vous pouvez aussi ajouter, selon votre goût, quelques herbes aromatiques finement ciselées (ciboulette, persil, cerfeuil ou aneth).

Cake salé aux carottes

Préparer un petit cake individuel est idéal quand on veut déjeuner dehors. Pour cela, n'hésitez pas à vous procurer un moule à cake individuel ou de petits moules en carton et papier, ils serviront souvent, pour des recettes salées ou sucrées !

Pour 1 personne
Préparation : 15 minutes
Cuisson : 30 minutes

1 carotte (environ 80 g)

50 g de feta

2 cuillerées à soupe de ciboulette ciselée (facultatif)

65 g de farine T55

1 cuillerée à café rase de levure chimique

1 œuf

5 cl de lait entier ou demi-écrémé

2,5 cl d'huile d'olive

1 cuillerée à soupe de noisettes entières (environ 20 g)

Sel et poivre

1. Préchauffez le four à 180 °C (th. 6).
2. Lavez et séchez bien la carotte. Râpez-la finement (il n'est pas indispensable de l'éplucher si vous la nettoyez bien).
3. Découpez la feta en petits morceaux.
4. Si vous ajoutez de la ciboulette, rincez-la rapidement et ciselez-la finement.
5. Dans un bol, mélangez la farine et la levure chimique.
6. Dans un saladier, fouettez l'œuf avec le lait et l'huile d'olive, une bonne pincée de sel et du poivre.
7. Ajoutez la farine et la levure, la carotte râpée, la feta, les noisettes et éventuellement la ciboulette et mélangez bien à la cuillère jusqu'à obtention d'une consistance homogène.
8. Versez ce mélange dans un moule à cake individuel recouvert de papier cuisson et enfournez pendant environ 30 minutes.

Sandwich au poulet

Pour 1 personne
Préparation : 15 minutes
Cuisson : 20 minutes

1 cube de bouillon de poule

1 escalope de poulet

½ pomme Granny Smith

1 petit pot de fromage blanc (100 g) ou 2 cuillerées à soupe de crème fraîche épaisse

1 cuillerée à café de moutarde

1 cuillerée à café de curry en poudre

1 cuillerée à café d'huile d'olive

2 grandes tranches de pain

1 poignée de feuilles de roquette

Sel et poivre

1. Portez un grand volume d'eau à ébullition dans une casserole, avec un cube de bouillon de poule.
2. Faites cuire l'escalope de poulet dans ce bouillon pendant 20 minutes.
3. Pendant ce temps : découpez la pomme en très fines tranches ; préparez la sauce en mélangeant le fromage blanc (ou la crème fraîche) avec la moutarde, le curry, l'huile d'olive et ajustez l'assaisonnement en sel et poivre.
4. À la fin de la cuisson du poulet, égouttez-le et attendez quelques instants qu'il refroidisse un peu, puis effilochez-le avec les doigts.
5. Construisez le sandwich en tartinant chaque tranche de pain avec de la sauce puis en déposant successivement, sur une des tranches tartinées la roquette, l'effiloché de poulet et les tranches de pomme avant de terminer par la deuxième tranche tartinée. Vous pouvez aussi ajouter de la sauce à l'intérieur du sandwich, voire la mélanger avec l'effiloché de poulet.

Le poke bowl est un plat d'origine hawaïenne, composé de riz, de légumes et de fruits variés et de poisson cru mariné. En voici une version moins sensible au transport et à la chaleur, où le poisson est remplacé par une brouillade d'œufs. Ce plat est déclinable en de nombreuses versions : n'hésitez pas à modifier les légumes selon votre goût et les ingrédients que vous avez à disposition ! Vous pouvez aussi le réaliser avec du riz parfumé, dans ce cas-là, faites cuire le riz de manière plus classique, dans de l'eau salée, et sautez l'étape d'assaisonnement du riz.

Poke bowl aux œufs

Pour 1 personne
Préparation : 20 minutes
Cuisson : 25 minutes

100 g de riz rond ou à sushi

14 cl d'eau

1 ou 2 œufs

½ cuillerée à soupe d'huile neutre (tournesol, pépins de raisin)

½ avocat

1 petite betterave cuite

1 petite carotte

1 poignée de tomates cerises

1 tronçon de concombre d'environ 5 cm de long

1 cuillerée à soupe de vinaigre de riz

1 pincée de sucre

1 cuillerée à café de graines de sésame

Sel et poivre

POUR LA VINAIGRETTE

1 cuillerée à soupe de sauce soja

1 cuillerée à soupe de vinaigre de riz

1 cuillerée à café d'huile de sésame

1. Rincez bien le riz, jusqu'à ce que l'eau de rinçage soit claire. Égouttez-le bien. Versez l'eau et le riz dans une casserole. Couvrez et portez à ébullition. Quand l'eau bout, baissez le feu de manière à avoir un feu très doux. Laissez cuire pendant environ 15 minutes. Ôtez la casserole du feu et laissez à couvert pendant une dizaine de minutes.

2. Fouettez l'œuf en omelette (un ou deux selon votre appétit), assaisonnez-le avec un peu de sel et de poivre. Faites-le cuire en brouillade (c'est-à-dire sans cesser de le mélanger jusqu'à ce qu'il soit cuit), dans une poêle avec l'huile, à feu moyen. Une fois la brouillade cuite, coupez-la en petits morceaux.

3. Préparez les légumes : découpez de longues tranches d'avocat, enlevez leur peau ; détaillez la betterave en tranches fines ; lavez, pelez et râpez la carotte ; lavez et coupez les tomates cerises en deux ou quatre ; lavez le concombre et découpez-le en tranches fines.

4. Préparez l'assaisonnement du riz en mélangeant le vinaigre de riz, une pincée de sel et une pincée de sucre. Versez cette préparation dans le riz cuit, et si possible refroidi, et mélangez bien.

5. Dressez votre poke bowl dans une boîte transportable et refermable en mettant au fond le riz puis en ajoutant, à la surface, les légumes coupés en morceaux et la brouillade d'œufs. Répartissez dessus les graines de sésame.

6. Préparez la vinaigrette en mélangeant ses ingrédients, et versez-la soit directement sur le poke bowl, soit dans un petit contenant refermable pour l'ajouter au dernier moment. Le poke bowl est prêt à être emporté !

104
ISO 9001:2015

Yeo's
香蔴油
100% 純正
150 mL
Les merveilleuses épices
de MADAGASCAR

Je veux bien manger quand je télétravaille et...

Yaourt aux fruits et crumble

Voici un exemple d'utilisation du crumble sucré proposé page 78 : un yaourt « amélioré », avec de vrais fruits, qui se mêle très bien avec le crumble croquant. C'est une recette qui peut varier selon les fruits dont vous disposez et la saison.

Pour 1 personne
Préparation : 5 minutes

1 yaourt grec ou 1 yaourt nature additionné de 2 cuillerées à café de crème fraîche épaisse.

Quelques fruits au choix (fraises, framboises, myrtilles, morceaux de pommes, de poires, de bananes, etc.)

1 à 2 cuillerées à soupe de crumble sucré (voir page 78)

1. Versez le yaourt grec (ou le yaourt nature additionné de crème fraîche) dans un contenant transportable et refermable. Il n'est pas indispensable de le sucrer puisque le crumble et les fruits apportent du sucre, mais si vous le souhaitez, sucrez-le légèrement.
2. Selon les fruits que vous utilisez, rincez-les, séchez-les bien et coupez-les en morceaux (sauf les petits fruits comme les framboises ou les myrtilles). Ajoutez-les sur le yaourt.
3. Versez le crumble dans un contenant séparé, de manière à l'ajouter au yaourt au dernier moment et ainsi conserver tout son croquant.

Salade de fruits à la vinaigrette

La première fois que j'ai goûté des fruits avec une vinaigrette, il s'agissait de poires. J'ai trouvé que cette sauce à la fois un peu grasse et acidulée allait parfaitement avec le goût sucré du fruit et le mettait en valeur. La vinaigrette n'est pas réservée aux salades salées ! Pour cette salade à emporter, privilégiez des fruits difficiles à manger sans les découper, comme des pommes, des poires, de la grenade…

Pour 1 personne
Préparation : 5 minutes

Quelques fruits frais (morceaux de pommes, poires, grenade)

½ cuillerée à café de sucre

2 cuillerées à café de vinaigre de cidre

2 cuillerées à café d'huile d'olive

1. Lavez les fruits et séchez-les bien. Découpez-les en morceaux et mettez-les dans un contenant transportable et refermable.
2. Préparez la vinaigrette en mélangeant le sucre dans le vinaigre jusqu'à ce qu'il soit dissous. Ajoutez ensuite l'huile d'olive.
3. Versez cette sauce sur les fruits et mélangez la salade.

Bon à savoir
Vous pouvez aussi ajouter quelques fruits secs, comme des raisins ou des morceaux de noisettes, amandes ou noix, etc.

Eau détox au concombre et au citron

Pour 1 litre de boisson
Préparation : 5 minutes
Infusion : 1 heure au moins

½ citron non traité

1 tronçon de concombre d'environ 3 cm de long

1 litre d'eau

1. Lavez bien le citron et le concombre, puis coupez-les en tranches fines.
2. Déposez ces tranches au fond d'une bouteille refermable (type gourde à gros goulot). Versez l'eau par-dessus.
3. Laissez infuser autant que possible au réfrigérateur (au moins 1 heure, si possible, pour que les goûts se développent). Vous pouvez aussi préparer cette infusion froide la veille.

Bon à savoir
Cette eau détox a un goût léger et subtil et rafraîchit bien. En outre, le concombre contenant notamment du potassium, ce mélange infusé contribue à réduire la pression artérielle.

JE VEUX **BIEN MANGER** QUAND JE **TÉLÉTRAVAILLE** ET…

JE N'AI PAS LE TEMPS X

J'AI TOUT PRÉVU X

J'AI DE QUOI EMPORTER X

J'AI UN INVITÉ SURPRISE X

Riz cantonais

Pour 2 personnes
Préparation : 10 minutes
Cuisson : 20 minutes environ

125 g de riz basmati

80 g de jambon cuit (tranche épaisse ou morceau de talon)

1 petit oignon

1 œuf

4 cuillerées à café d'huile neutre (tournesol, pépins de raisin)

1,5 cuillerée à soupe d'eau

3 cuillerées à soupe de petits pois frais ou surgelés (environ 100 g)

2 cuillerées à café de sauce soja (facultatif)

Sel et poivre

1. Faites cuire le riz selon les indications inscrites sur le paquet. Une fois cuit, égouttez-le et rincez-le à l'eau froide pour arrêter la cuisson.
2. Coupez le jambon en tout petits dés.
3. Épluchez l'oignon et émincez-le finement.
4. Dans un petit bol, battez l'œuf en omelette et assaisonnez-le avec un peu de sel et de poivre. Faites-le cuire comme une brouillade dans une petite poêle avec une cuillerée à café d'huile, à feu moyen, pendant 1 à 2 minutes. Réservez dans une assiette et coupez cette brouillade en petits morceaux.
5. Dans une large poêle, faites revenir l'oignon émincé à feu moyen avec deux cuillerées à café d'huile, pendant 3-4 minutes, en mélangeant de temps en temps.
6. Ajoutez l'eau et les petits pois et laissez cuire jusqu'à évaporation complète de l'eau (environ 2 minutes).
7. Ajoutez une cuillerée à café d'huile, le riz et l'œuf cuits et le jambon et faites revenir à feu moyen pendant environ 5 minutes, en remuant régulièrement. Ajustez éventuellement l'assaisonnement en sel et poivre ou avec de la sauce soja. Servez aussitôt.

Poulet rôti à la moutarde

Pour 2 personnes
Préparation : 5 minutes
Cuisson : 40 minutes

- 2 cuisses de poulet ou plusieurs petits pilons
- 1 petite gousse d'ail
- 1 échalote
- 1 cuillerée à soupe de moutarde de Dijon
- 1 cuillerée à soupe de moutarde à l'ancienne
- 2 cuillerées à soupe d'huile d'olive
- 1 cuillerée à café de thym
- 1,5 cuillerée à café de curcuma
- 1 cuillerée à café de gingembre en poudre
- 5 cuillerées à soupe d'eau ou de vin blanc sec
- Sel et poivre

1. Préchauffez le four à 180 °C (th. 6).
2. Épluchez la gousse d'ail et pressez-la. Épluchez l'échalote et émincez-la finement.
3. Dans un bol, déposez l'ail pressé et les morceaux d'échalote, ajoutez les moutardes, l'huile, le thym, le curcuma et le gingembre et mélangez bien jusqu'à obtention d'une sauce homogène.
4. Salez et poivrez les morceaux de poulet sur chaque face. Badigeonnez-les de sauce, à l'aide d'une cuillère ou avec les doigts, puis déposez-les dans un plat allant au four. Versez l'eau ou le vin blanc au fond du plat.
5. Enfournez quand le four est chaud et faites cuire pendant environ 40 minutes, en tournant les morceaux de poulet à mi-cuisson et en les recouvrant de sauce. Ajoutez éventuellement un peu d'eau si tout s'est évaporé avant la fin de la cuisson.

Bon à savoir
Vous pouvez accompagner ce poulet selon vos préférences : légumes verts, pommes de terre cuites à la vapeur, riz, etc.

Poulet au curry

Pour 2 personnes
Préparation : 5 minutes
Cuisson : 20 minutes

1 oignon jaune

2 escalopes de poulet

1 cuillerée à soupe d'huile d'olive

4 cuillerées à café de curry en poudre

20 cl de lait de coco

Sel

1. Épluchez l'oignon et émincez-le finement.
2. Découpez les escalopes de poulet en morceaux de la taille d'une bouchée.
3. Dans une poêle, faites revenir l'oignon émincé avec l'huile d'olive à feu moyen, pendant 4-5 minutes, en remuant régulièrement.
4. Ajoutez le curry, mélangez bien puis ajoutez les morceaux de poulet et poursuivez la cuisson pendant environ 4 minutes, jusqu'à ce que le poulet dore un peu. Salez légèrement.
5. Baissez le feu pour obtenir un feu doux, ajoutez le lait de coco et laissez mijoter pendant environ 10 minutes, en remuant de temps en temps.
6. Servez aussitôt avec un peu de riz parfumé.

Clafoutis aux champignons et au fromage

Pour 2 personnes
Préparation : 15 minutes
Cuisson : 25 minutes

100 g de champignons de Paris

1 cuillerée à soupe d'huile d'olive

70 g de fromage (comté, emmental, ou fromage à pâte molle, selon votre goût)

2 œufs

12,5 cl de lait demi-écrémé

12,5 cl de crème fraîche (liquide ou épaisse)

40 g de farine T55

1 pincée de noix de muscade râpée

1 noisette de beurre doux

Sel et poivre

1. Préchauffez le four à 180 °C (th. 6).
2. Nettoyez les champignons et coupez-les en tranches d'environ 2 mm d'épaisseur. Faites-les revenir dans une poêle avec l'huile d'olive, à feu moyen, pendant 3-4 minutes, en les mélangeant de temps en temps de manière qu'ils cuisent uniformément. Réservez.
3. Selon le fromage choisi, râpez-le (si fromage à pâte dure) ou coupez-le en petits morceaux.
4. Dans un grand bol, mélangez les œufs, le lait et la crème. Ajoutez la farine et fouettez jusqu'à obtention d'un mélange homogène, sans grumeaux. Ajoutez enfin les champignons cuits, le fromage, la noix de muscade râpée, et ajustez l'assaisonnement en sel et poivre.
5. Beurrez deux larges moules ou coupelles (d'environ 10 cm de diamètre), suffisamment hauts car le clafoutis va un peu gonfler en cuisant. Répartissez-y le mélange.
6. Enfournez pendant 20-25 minutes, jusqu'à ce que le clafoutis soit bien doré. Dégustez chaud, dès la fin de la cuisson.

Salade César

Pour 2 personnes
Préparation : 10 minutes
Cuisson : 10 minutes

1 petite salade romaine

2 poignées de petits cubes de pain rassis pour les croûtons

2 cuillerées à soupe d'huile neutre (tournesol, pépins de raisin)

1 filet de poulet

30 g de parmesan

POUR LA SAUCE

3 filets d'anchois

1 petite gousse d'ail

1 jaune d'œuf

1 cuillerée à café de moutarde

55 g d'huile neutre (tournesol, pépins de raisin)

1 cuillerée à soupe de parmesan râpé

1 cuillerée à soupe de jus de citron

1,5 cuillerée à soupe de crème fraîche liquide

Sel et poivre

1. Déposez les filets d'anchois dans une coupelle d'eau pour les dessaler un peu.
2. Triez, lavez, découpez et essorez la salade.
3. Dans une petite poêle, faites revenir les croûtons avec une cuillerée à soupe d'huile, à feu moyen, jusqu'à ce qu'ils soient bien imbibés et dorés (environ 4-5 minutes). Réservez.
4. Découpez le filet de poulet en petits morceaux. Faites-les revenir à feu moyen dans la poêle avec une cuillerée à soupe d'huile (environ 4-5 minutes). Réservez.
5. Découpez le parmesan en copeaux, avec un couteau ou un économe.
6. Préparez la sauce. Épluchez la gousse d'ail, coupez-la en deux, ôtez son germe et pressez-la.
   Dans un bol, fouettez le jaune d'œuf et la moutarde (tous les deux à température ambiante), puis ajoutez progressivement l'huile tout en continuant de fouetter, comme pour une mayonnaise. Ajoutez ensuite l'ail pressé et les filets d'anchois égouttés et écrasés à la fourchette. Mélangez bien. Ajoutez enfin le parmesan râpé, le jus de citron et la crème fraîche, mélangez encore et ajustez l'assaisonnement en sel et poivre.
7. Dans un saladier ou directement dans les assiettes, déposez la salade, le poulet, les copeaux de parmesan et les croûtons et recouvrez de sauce.

Harengs pommes à l'huile

Pour 2 personnes
Préparation : 10 minutes
Cuisson : 20 minutes

- 500 g de pommes de terre
- 1 petit oignon (nouveau si possible)
- 2 ou 3 filets de hareng fumé (environ 200 g)
- 2 cuillerées à soupe d'huile d'olive
- 2 cuillerées à café de vinaigre de cidre
- Sel et poivre

1. Portez une grande casserole d'eau salée à ébullition.
2. Rincez les pommes de terre, brossez-les bien et plongez-les dans l'eau bouillante pendant 20 minutes.
3. Épluchez l'oignon et émincez-le finement.
4. Découpez les filets de hareng en morceaux de la taille d'une bouchée.
5. Préparez la sauce en mélangeant l'huile d'olive et le vinaigre de cidre ; ajustez l'assaisonnement en sel et poivre.
6. Quand les pommes de terre sont cuites, épluchez-les et coupez-les en tranches épaisses ou gardez-les entières si elles sont petites.
7. Dans un saladier, mélangez les tranches de pommes de terre, l'oignon émincé, les morceaux de hareng et la sauce.
8. Servez aussitôt (n'attendez pas que les pommes de terre refroidissent, c'est au contraire le mélange des pommes de terre chaudes avec le hareng salé et fumé froid qui fait tout le goût de cette préparation).

Bricks au thon

Pour 2 personnes (8 ou 10 pièces)
Préparation : 20 minutes
Cuisson : 20 minutes

4-5 feuilles de brick

50 g de comté ou d'emmental

1 poignée de coriandre fraîche (ou surgelée)

2 œufs

Environ 140 g de thon au naturel égoutté

1 cuillerée à café de graines de cumin pilées

1,5 cuillerée à soupe d'huile neutre (tournesol, pépins de raisin)

Sel et poivre

1. Préchauffez le four à 180 °C (th. 6).
2. Râpez le fromage. Hachez finement la coriandre.
3. Dans un bol, cassez les œufs et mélangez-les avec le thon émietté, le fromage râpé, les graines de cumin pilées et la coriandre hachée. Ajustez l'assaisonnement en sel et poivre.
4. Découpez les feuilles de brick en deux pour obtenir des demi-disques. Repliez la partie arrondie sur la partie droite pour former une bande presque rectangulaire. Déposez une grosse cuillerée à café de farce à l'une des extrémités de la bande, en veillant à laisser un coin de pâte vide. Repliez la bande de pâte vide sur la farce pour former un triangle. Repliez le triangle plusieurs fois sur lui-même. Lorsqu'il ne reste qu'un coin de pâte, humidifiez-le légèrement et repliez-le sur le chausson pour bien le fermer hermétiquement. Vous obtiendrez entre 8 et 10 chaussons.
5. Déposez les chaussons sur une plaque à pâtisserie recouverte de papier cuisson. À l'aide d'un pinceau de cuisine, badigeonnez d'huile tous les côtés de chaque chausson.
6. Enfournez pendant 20 minutes. Servez dès la fin de la cuisson.

LAIT DE
COCO
200 MILLILITRES
C'EST BON ÇA, COCO !

Dahl de lentilles corail

Le dahl est un plat d'origine indienne, à base de légumineuses cuites dans un mélange d'épices. Une fois la technique maîtrisée, vous pourrez modifier les préparations en variant les épices et cuire éventuellement sans lait de coco.

Pour 2 personnes
Préparation : 10 minutes
Cuisson : 25 minutes

140 g de lentilles corail sèches

1 gousse d'ail

1 morceau de 1 cm de gingembre

1 oignon jaune

Environ 100 g de tomates (fraîches ou concassées en conserve)

1 cuillerée à soupe d'huile neutre (tournesol, pépins de raisin)

2 cuillerées à café de garam masala

1 cuillerée à café de curcuma en poudre

1 cuillerée à café de cumin en poudre

25 cl d'eau

25 cl de lait de coco

1 poignée de coriandre fraîche (facultatif)

1. Rincez les lentilles.
2. Épluchez la gousse d'ail , coupez-la en deux et ôtez son germe. Pressez-la. Épluchez le morceau de gingembre et râpez-le (ou, à défaut, coupez-le en tout petits morceaux). Épluchez l'oignon et émincez-le finement.
3. Si vous utilisez des tomates fraîches, coupez-les en petits morceaux.
4. Dans une poêle ou une casserole, faites revenir l'oignon avec l'huile, à feu moyen, pendant 4-5 minutes, en remuant de temps en temps.
5. Ajoutez les épices, l'ail, le gingembre, mélangez et poursuivez la cuisson pendant 1 minute.
6. Ajoutez enfin les tomates, l'eau, le lait de coco puis les lentilles. Mélangez et faites cuire à feu doux (à petits bouillons) pendant environ 20 minutes, en remuant de temps en temps.
7. Servez aussitôt. Vous pouvez éventuellement parsemer chaque plat individuel d'un peu de coriandre fraîche hachée.

Mini-galettes de flocons d'avoine

C'est Claire (la photographe de ce livre) qui m'a fait découvrir ce plat. Le résultat est incroyable, car lorsque ces galettes sont cuites, on ne sent pas du tout le croquant des flocons d'avoine, juste un mélange moelleux et le goût des ingrédients qui les accompagnent. Vous pouvez aussi, sur le même principe, assaisonner les mini-galettes avec différentes épices.

Pour 2 personnes (10 galettes environ)
Préparation : 10 minutes
Réfrigération : 30 minutes
Cuisson : 10 minutes

40 g de parmesan

2 gousses d'ail

100 g de flocons d'avoine

150 g de coulis de tomates

4 cuillerées à soupe d'huile d'olive

2 cuillerées à café d'herbes de Provence

1 cuillerée à café de graines de coriandre pilées

½ cuillerée à café de piment fort

Sel

1. Râpez le parmesan.
2. Épluchez les gousses d'ail, coupez-les en deux et ôtez leur germe. Pressez-les.
3. Dans un saladier, mélangez les flocons d'avoine avec le coulis de tomates, deux cuillerées à soupe d'huile d'olive, le parmesan râpé, les gousses d'ail pressées, les herbes de Provence, les graines de coriandre pilées et le piment. Ajustez l'assaisonnement en sel.
4. Couvrez le saladier et placez-le au réfrigérateur pendant au moins 30 minutes, pour que les arômes se mélangent.
5. Avec le mélange obtenu, formez à la main des boulettes de la taille d'une grosse noix et aplatissez-les légèrement. Faites revenir ces mini-galettes dans une poêle avec le restant d'huile d'olive, à feu moyen, pendant environ 3 minutes de chaque côté (jusqu'à ce que la surface dore). Servez aussitôt.

Risotto aux champignons

Pour 2 personnes • Préparation : 10 minutes • Cuisson : 40 minutes

1 petit oignon

60 g de parmesan

150 g de champignons de Paris

1 litre de bouillon de légumes (1 litre d'eau + 1 cube de bouillon prêt à l'emploi)

2 cuillerées à soupe d'huile d'olive

20 g de beurre doux

150 g de riz arborio (ou, à défaut, de riz rond)

1 pincée de filaments de safran (ou 1 dose en poudre)

10 cl de vin blanc (facultatif)

Sel et poivre

1. Pelez l'oignon et émincez-le finement. Râpez le parmesan.
2. Nettoyez les champignons, si possible sans eau (avec un couteau pour enlever les traces de terre ou un chiffon doux). Émincez finement la moitié en tout petits morceaux (en brunoise) et détaillez l'autre moitié en quartiers.
3. Préparez le bouillon de légumes en faisant bouillir l'eau et en y incorporant le cube de bouillon.
4. Dans une poêle, faites revenir les champignons en quartiers à feu moyen pendant environ 3 minutes, avec une cuillerée à soupe d'huile d'olive, en les remuant régulièrement. Réservez.
5. Dans la même poêle, une fois les champignons enlevés, ajoutez une cuillerée à soupe d'huile d'olive et le beurre, et faites-y revenir les oignons émincés pendant environ 2-3 minutes, en les remuant régulièrement (ils doivent devenir translucides). Ajoutez les champignons en brunoise et poursuivez la cuisson pendant environ 1 minute. Ajoutez le riz et continuez la cuisson à feu moyen pendant environ 2 minutes, en remuant continuellement. Ajoutez les filaments de safran.
6. Déglacez le tout en versant le vin blanc ou une louche de bouillon et mélangez bien. Baissez le feu pour obtenir un feu doux. Continuez à remuer régulièrement et, après évaporation du liquide, ajoutez progressivement tout le bouillon, louche par louche, en laissant le liquide s'évaporer entre chaque louche et en mélangeant régulièrement. La cuisson devrait durer environ 30 minutes.
7. Une fois le riz cuit, goûtez pour ajuster l'assaisonnement en sel et poivre. Ajoutez les champignons en quartiers et le parmesan râpé, mélangez bien et servez aussitôt (vous pouvez aussi n'ajouter qu'une partie du parmesan et laisser chaque convive doser sa quantité de parmesan).

Soupe thaïe au poulet

Pour 2 personnes
Préparation : 10 minutes
Cuisson : 10 minutes

1 escalope de poulet

1 morceau de 2 cm de gingembre

80 g de champignons de Paris

1 bâton de citronnelle

30 cl d'eau

½ cube de bouillon de poule

40 cl de lait de coco

2 cuillerées à café de sauce soja

2 cuillerées à soupe de nuoc-mâm

½ cuillerée à café de piment doux (ou fort, selon votre goût)

1 grosse poignée de feuilles de coriandre fraîche

Le jus d'½ citron vert

1. Découpez l'escalope de poulet en fines tranches de la taille d'une bouchée.
2. Pelez le gingembre et râpez-le finement (à défaut, coupez-le en tout petits morceaux).
3. Nettoyez les champignons à l'aide d'un chiffon doux. Découpez-les en tranches fines d'environ 2 mm d'épaisseur.
4. Coupez le bâton de citronnelle en quatre dans le sens de la longueur puis émincez-le finement.
5. Dans une large casserole, portez l'eau à ébullition avec le demi-cube de bouillon de poule.
6. Quand le cube est entièrement dissous, baissez le feu pour obtenir un feu doux et ajoutez le lait de coco, le gingembre râpé, les tranches de champignons, la citronnelle émincée, les morceaux de poulet, la sauce soja, le nuoc-mâm et le piment. Faites cuire à feu doux pendant 10 minutes environ.
7. Pendant la cuisson de la soupe, rincez les feuilles de coriandre, séchez-les bien puis ciselez-les.
8. Servez aussitôt dans des bols, en ajoutant le jus de citron vert et en répartissant sur chaque soupe un peu de coriandre ciselée.

Rien de plus simple et convivial qu'un gratin de pâtes ! En voici une version à la béchamel, qui le rend bien crémeux, et au brocoli, qui lui apporte un goût frais et une belle couleur verte. L'avantage est que le brocoli cuit en une dizaine de minutes, ce qui correspond au temps de cuisson de la plupart des pâtes : vous pouvez ainsi les faire cuire ensemble dans la même casserole.

Gratin de pâtes au brocoli

Pour 2 personnes
Préparation : 15 minutes
Cuisson : 30 minutes

1 petit brocoli (150 g environ)

180 g de pâtes courtes et creuses (macaroni ou pipe rigate)

1 cuillerée à soupe d'huile d'olive

25 g de beurre doux

25 g de farine T55

30 cl de lait demi-écrémé

Quelques pincées de noix de muscade râpée

100 g de comté

Sel et poivre

1. Portez à ébullition une grande casserole d'eau salée.
2. Rincez le brocoli. Versez les pâtes et le brocoli, tête en bas, dans l'eau bouillante et laissez cuire le tout pendant 10 minutes. À la fin de la cuisson, ôtez le brocoli et réservez-le. Égouttez les pâtes et faites-les refroidir en les passant sous un filet d'eau froide. Afin d'éviter qu'elles ne collent, mélangez-les ensuite avec l'huile d'olive.
3. Pendant la cuisson des pâtes et du brocoli, vous pouvez commencer à préparer une sauce béchamel. Dans une petite casserole, faites fondre le beurre à feu doux. Ajoutez ensuite la farine et fouettez continuellement jusqu'à ce que le mélange épaississe. Ajoutez ensuite progressivement le lait, en continuant de fouetter, jusqu'à ce que la sauce prenne une belle consistance. Assaisonnez en sel, poivre et noix de muscade râpée. Réservez.
4. Préchauffez le four à 180 °C (th. 6).
5. Râpez le comté. À l'aide d'un couteau, hachez finement le brocoli cuit. Quand il est bien réduit en tout petits morceaux, ajoutez-le avec environ deux tiers du comté râpé (gardez le reste pour mettre sur le gratin) à la sauce béchamel et mélangez bien.
6. Versez la sauce obtenue sur les pâtes et mélangez bien. Versez le tout dans un plat à gratin de taille adaptée et recouvrez avec le reste du comté râpé.
7. Enfournez pendant 15-20 minutes, jusqu'à obtention du degré souhaité de gratiné.

Pommes flambées au pralin

Pour les pommes, préférez les variétés douces et acidulées mais évitez les Granny Smith.

Pour 2 personnes
Préparation : 5 minutes
Cuisson : 15 minutes

2 belles pommes

30 g de beurre doux

2 cuillerées à soupe d'eau

2 cuillerées à soupe de sucre en poudre

3 cuillerées à soupe de rhum

1 à 2 cuillerées à soupe de pralin ou d'amandes et/ou de noisettes concassées et grillées

1. Rincez les pommes et essuyez-les bien. Découpez-les en quartiers relativement fins (environ 1 cm d'épaisseur côté peau).
2. Faites revenir les pommes dans une poêle avec le beurre et l'eau, à feu moyen, jusqu'à ce qu'elles soient un peu fondantes (soit environ 5 minutes), en remuant de temps en temps.
3. Ajoutez le sucre et poursuivez la cuisson à feu moyen, en mélangeant délicatement de temps en temps, pendant environ 10 minutes.
4. Quand le caramel s'est formé et a coloré les pommes, ajoutez le rhum et approchez une flamme près des pommes afin que le rhum les flambe.
5. Servez aussitôt les flammes éteintes, et saupoudrez d'un peu de pralin.

Glace banane-chocolat

Pour 2 personnes
Préparation : 5 minutes
Congélation : au moins 4 heures

2 bananes

3 cuillerées à soupe de crème fraîche (liquide ou épaisse)

2 cuillerées à soupe de cacao en poudre non sucré

1 cuillerée à soupe de sucre glace

1. Pelez les bananes, coupez-les en tranches et mettez-les dans un sac de congélation, en les espaçant au maximum. Refermez le sac et déposez-le au congélateur pendant au moins 4 heures.
2. Dans un mixeur, déposez les bananes congelées puis ajoutez la crème fraîche, le cacao et le sucre glace. Mixez progressivement, en veillant à rabattre régulièrement le mélange vers le fond du bol du mixeur afin que tout s'amalgame.
3. Quand le mélange est bien homogène, la glace est prête à être dégustée, avec une consistance bien souple. Vous pouvez aussi la congeler en la versant dans un contenant refermable, pendant une demi-heure environ si vous préférez une texture plus ferme, ou plus si vous voulez préparer cette glace à l'avance.

Bon à savoir
L'idéal est d'avoir toujours quelques bananes congelées en tranches dans votre congélateur, dans des sachets sur lesquels vous indiquerez le nombre de fruits.
Vous pourrez ainsi faire face à toute situation et réaliser cette délicieuse glace à tout moment !

Chocolat chaud au lait d'amande

Pour 2 personnes
Préparation : 5 minutes
Cuisson : 5 minutes

80 g de chocolat noir à 65 ou 70 % de cacao

40 cl de lait d'amande

1. Sur une planche, coupez le chocolat en petits morceaux à l'aide d'un couteau.
2. Dans une casserole, versez le lait d'amande et le chocolat réduit en morceaux. Portez à feu doux pour faire fondre le chocolat, et fouettez continuellement jusqu'à obtention d'un mélange mousseux bien brun (environ 5 minutes). Servez aussitôt.

Bon à savoir
Si vous le voulez, vous pouvez ajouter un peu de sucre en poudre au mélange (environ 15 g). Tout dépend de votre goût et de la présence éventuelle de sucre dans le lait d'amande.

Le lait d'amande apporte une épaisseur et un goût particulièrement doux au chocolat chaud. Si vous n'en avez pas, vous pouvez aussi réaliser cette recette avec du lait de vache ou même de l'eau !

ANNEXES

TABLE DES RECETTES

INDEX DES RECETTES

TABLE DES RECETTES

Je veux bien manger quand je télétravaille et...

INDEX DES RECETTES

REMERCIEMENTS

Merci à toute l'équipe du département Art de Vie des Éditions de La Martinière pour cette nouvelle collaboration éditoriale et culinaire, en particulier Laure Aline, Agathe Masson et Marine Laurençot. Quelle chance et quelle joie de travailler avec vous !

Merci à Claire Curt pour son accueil toujours chaleureux et enthousiaste, son œil expert et ses idées visuelles toujours pertinentes et efficaces. Merci aussi à Didier et à Titou, qui participent pleinement à faire de nos journées de photos des moments très agréables.

Merci à ma famille et à mes amis pour leur soutien indéfectible et leur entrain quand il s'agit de goûter de nouvelles préparations.

Merci à mes grands-mères nourricières Raymonde, Gaby et Mémé Jeanneret.

Merci à Olivier, Alexandra, Colette, Dominique, Fabienne, Franck, Jean-Claude, Jean-Michel, Marie, Maurice, Valeria (sans oublier Josiane et Sophie), goûteurs toujours volontaires, pour leur enthousiasme et leurs encouragements.

Merci à Pascal (et Claire) pour la découverte des galettes de flocons d'avoine.

Département éditorial Art de vie

Directrice éditoriale : Laure Aline
Édition : Marine Laurençot
Correction : Françoise Letort
Fabrication : Nathalie Voyer
Couverture : Édouard Bonnefoy (www.kontraste.fr)
Conception graphique et réalisation : Capucine Deslouis

ISBN : 979-10-401-1514-4

Connectez-vous sur :
www.editionsdelamartiniere.fr
Instagram : @lamartiniere.cuisine

Photogravure : Agence nouvel R
Dépôt légal : Août 2023
Achevé d'imprimer en juillet 2023 sur les presses de Graphycems.
Imprimé en Espagne

MIXTE
Papier issu de sources responsables
FSC® C007507